Benjamin Pellerin

Mise en place d'une Infrastructure de Données Spatiales (IDS)

Benjamin Pellerin

Mise en place d'une Infrastructure de Données Spatiales (IDS)

Le portail cartographique du Pays de Lorient

Éditions universitaires européennes

Impressum / Mentions légales
Bibliografische Information der Deutschen Nationalbibliothek: Die Deutsche Nationalbibliothek verzeichnet diese Publikation in der Deutschen Nationalbibliografie; detaillierte bibliografische Daten sind im Internet über http://dnb.d-nb.de abrufbar.
Alle in diesem Buch genannten Marken und Produktnamen unterliegen warenzeichen-, marken- oder patentrechtlichem Schutz bzw. sind Warenzeichen oder eingetragene Warenzeichen der jeweiligen Inhaber. Die Wiedergabe von Marken, Produktnamen, Gebrauchsnamen, Handelsnamen, Warenbezeichnungen u.s.w. in diesem Werk berechtigt auch ohne besondere Kennzeichnung nicht zu der Annahme, dass solche Namen im Sinne der Warenzeichen- und Markenschutzgesetzgebung als frei zu betrachten wären und daher von jedermann benutzt werden dürften.

Information bibliographique publiée par la Deutsche Nationalbibliothek: La Deutsche Nationalbibliothek inscrit cette publication à la Deutsche Nationalbibliografie; des données bibliographiques détaillées sont disponibles sur internet à l'adresse http://dnb.d-nb.de.
Toutes marques et noms de produits mentionnés dans ce livre demeurent sous la protection des marques, des marques déposées et des brevets, et sont des marques ou des marques déposées de leurs détenteurs respectifs. L'utilisation des marques, noms de produits, noms communs, noms commerciaux, descriptions de produits, etc, même sans qu'ils soient mentionnés de façon particulière dans ce livre ne signifie en aucune façon que ces noms peuvent être utilisés sans restriction à l'égard de la législation pour la protection des marques et des marques déposées et pourraient donc être utilisés par quiconque.

Coverbild / Photo de couverture: www.ingimage.com

Verlag / Editeur:
Éditions universitaires européennes
ist ein Imprint der / est une marque déposée de
OmniScriptum GmbH & Co. KG
Heinrich-Böcking-Str. 6-8, 66121 Saarbrücken, Deutschland / Allemagne
Email: info@editions-ue.com

Herstellung: siehe letzte Seite /
Impression: voir la dernière page
ISBN: 978-3-8417-3551-5

REMERCIEMENTS

Je tiens tout d'abord à remercier Monsieur Norbert Métairie, Maire de Lorient, Président de Cap l'Orient Agglomération, Président d'Audélor et Monsieur Philippe Leblanche, Directeur d'AudéLor, pour m'avoir accueilli au sein de leur structure.

Lors de mes 20 semaines de stage, j'ai pu accomplir mes tâches avec plaisir et motivation grâce à une bonne ambiance au sein d'Audélor.

Je remercie sincèrement Jean-Michel Le Barh et Thibaud Meunier pour leurs conseils et soutiens. Ils ont toujours été disponibles pour répondre à mes questions et ont veillé à ma bonne intégration au sein d'Audélor. Je salue également l'ensemble du personnel d'Audélor et de Cap l'Orient pour leur sympathie.

Mes remerciements vont également à l'équipe de CamptoCamp et plus particulièrement Yves Jacolin et François Van Der Biest, ainsi que l'équipe de GéoBretagne et les pilotes du projet Fabrice Phung et Lydie Vinsonneau.

Je tiens également à saluer une partie de la promotion de la LUP SIG pour les moments que nous avons partagés.

Enfin, je remercie M. Frédéric Pouget, mon responsable de formation, et M. Alain Layec, mon tuteur de stage qui n'ont jamais perdu patience et ont répondu à mes nombreuses questions tout au long de la formation.

SOMMAIRE

INTRODUCTION

La France compte 52 agences d'urbanisme, des organismes publics d'études et de réflexions sur l'aménagement et le développement des grandes agglomérations françaises.

Pour leurs études, la cartographie est un moyen simple et efficace de représenter et de partager de l'information à caractère géographique afin d'aménager un territoire. Aujourd'hui avec la place d'Internet dans la société, il est de plus en plus aisé de partager des données ou des informations. Les Infrastructures de Données Spatiales répondent à ces critères.

Mon stage s'effectue à l'*Agence d'Urbanisme et de Développement Economique du Pays de Lorient (AudéLor)* en partenariat avec Cap l'Orient Agglomération. L'objectif est d'effectuer la mise en place d'un portail cartographique destiné à diffuser l'information géographique, et notamment pour la rendre accessible aux agents ou employés d'AudéLor et Cap l'Orient Agglomération, aux élus du Pays de Lorient, aux partenaires institutionnels d'AudéLor et de Cap l'Orient Agglomération et enfin au grand public afin de mieux appréhender leur territoire.

J'ai travaillé au sein du département Ressources d'AudéLor. L'objectif était de pouvoir mettre en application des concepts et techniques assimilés pendant les périodes d'enseignements et d'appréhender les problématiques liées à l'observation d'un territoire au sein d'une agence d'urbanisme, tout en répondant aux besoins et priorités de l'Agence. Le stage s'est déroulé sur une période de 6 mois (avril – septembre 2011) après la formation initiale à l'Université de la Rochelle.

La première partie présentera l'organisme, le contexte du SIG à AudéLor et du stage dans son ensemble. La deuxième partie détaillera la méthodologie employée pour répondre aux missions qui m'ont été confiées. Enfin, la troisième partie exposera les difficultés rencontrées, les améliorations à effectuer sur la base de données ainsi que les enseignements que j'ai pu en tirer.

Ce travail a été réalisé en aout 2011 et l'outil geOrchestra a vu de nombreuses évolutions ces dernières années.

I. Présentation du contexte du stage

1.1. AudéLor : l'établissement d'accueil

Audélor est une association loi 1901 rassemblant l'ensemble des acteurs publics et privés qui concourent au développement économique et urbain du territoire. Elle est présidée par Monsieur Norbert Métairie, Président de Cap l'Orient Agglomération, Maire de Lorient et Conseiller Général. Ses territoires d'intervention ou d'études sont multiples : Cap l'Orient Agglomération principalement, Schéma de Cohérence Territoriale, Pays de Lorient. AudéLor fait partie de la FNAU (Fédération Nationale des Agences d'Urbanisme). Les activités de l'Agence sont financées par des subventions de Cap l'Orient Agglomération, de la Région Bretagne, de l'Etat et de l'Europe.

L'originalité de l'agence tient à la composition partenariale des instances représentées : Cap l'Orient Agglomération (Communauté d'agglomération du pays de Lorient), l'Etat, les chambres consulaires, le Conseil général du Morbihan, la Région Bretagne, le Syndicat Mixte pour le Schéma de Cohérence Territoriale, des personnes qualifiées dont le Président de l'Université de Bretagne-Sud et celui de Lorient Technopole Innovations et des chefs d'entreprises.

1.1.1. Missions

Ses missions sont de :

- Favoriser l'implantation et le développement des entreprises,
- Accompagner individuellement les porteurs de projet :
  - ingénierie financière
  - recherche foncière et immobilière
  - soutien à l'innovation
- Participer à la définition et à la mise en œuvre des politiques de développement économique, Etudes prospectives sur des filières de développement économique,
  - Actions de prospection et de promotion.
- Coordonner les études préalables et les actions liées à la restructuration des sites militaro-portuaires en reconversion,
- Préparer les projets de territoire et les documents réglementaires de planification,
  - Le schéma de cohérence territoriale (SCOT)
  - Le Pays de Lorient
- Observer les caractéristiques de leur territoire, leurs évolutions et produire des analyses éclairant les choix de développement.
- L'observatoire territorial s'articule autour de 7 composantes :
  - déplacements,
  - emploi-formation,
  - économie,
  - littoral et environnement,
  - habitat,
  - sites d'activités,
  - tourisme.

1.1.2. Composition d'AudéLor

AudéLor est organisée autour de trois pôles :

Direction Aménagement et Études : 2 départements

- Département Études : il mène des études dans les principales composantes de l'aménagement du territoire, au travers d'observatoires thématiques (habitat, social, emploi, cartographie, déplacements, économie et commerces) dans une vision, à la fois de diagnostic et prospective.
- Département Aménagement : il anime et pilote le SCoT, le conseil de développement du Pays de Lorient et des projets structurants d'aménagement du territoire.

Direction Développement Économique : cette direction agit en collaboration avec des organismes associés qui sont : LTI (Lorient Technopoles Innovation : accompagnement des projets innovants), Créa SA (gestion du Parc Technologique de Soye pépinière), PLI (Pays de Lorient Initiative : financement d'entreprise) et la SFLD (Société Financière Lorient Développement : capital à risque).

- Département économie : celui-ci fait des recherches immobilières en vue de l'implantation d'une entreprise, s'occupe des zones d'activités de l'immobilier, de l'aménagement économique et de la filière pêche et énergie.

Direction Ressources : cette direction permet le bon fonctionnement de l'agence, avec la présence d'une personne pour la gestion du personnel, d'une comptable, d'un administrateur des données et des systèmes informatiques, d'une cellule communication interne et externe.

AudéLor travaille en partenariat avec tous les acteurs institutionnels publics ou privés :

Communes, Agglomération, Conseil Général, Région, Préfecture, État, Chambre de Commerce...

1.1.3. Périmètres d'études (emprise du territoire)

AudéLor intervient dans le domaine du développement économique, de la planification, de l'aménagement et de l'observation territoriale sur le territoire du Pays de Lorient. Des études plus larges (Zone d'emploi, région) sont également entreprises régulièrement.

Le **Pays de Lorient** est composé de 3 EPCI (Etablissement Public de Coopération Intercommunale) :

- **Cap l'Orient Agglomération** : Communes de Brandérion, Caudan, Cléguer, Gâvres, Gestel, Groix, Guidel, Hennebont, Inzinzac-Lochrist, Lanester, Languidic , Larmor-Plage, Locmiquélic, Lorient, Ploemeur, Pont-Scorff, Port-Louis, Quéven, Riantec.
- **Communauté de Communes de Blavet Bellevue Océan** : Communes de Kervignac, Merlevenez, Nostang, Plouhinec, Sainte-Hélène.
- **Communauté de Communes de la région de Plouay, du Scorff au Blavet** : Communes de Bubry, Calan, Inguiniel, Lanvaudan, Plouay, Quistinic.

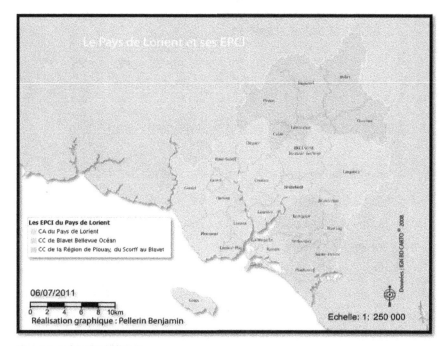

Figure 1 : périmètre d'étude

1.1.4. Chiffres clés

Le Pays de Lorient en quelques chiffres

- ✓ 216 837 habitants
- ✓ 30 communes
- ✓ 855.46km²
- ✓ 253 habitants/ km²
- ✓ 73 388 emplois salariés
- ✓ 3 filières économiques majeures : nautisme, pêche, commerce
- ✓ 2ème ports français pour le tonnage
- ✓ 1er port de commerce de Bretagne
- ✓ 7 ports de plaisance pour 3486 places
- ✓ 700 000 entrées au festival Interceltique de Lorient
- ✓ 74 sites d'activités (1800 entreprises)

1.1.5. Produits réalisés

Le BAROGRAPHE : Outil de l'Observatoire territorial

Une diffusion des connaissances sur le Pays de Lorient

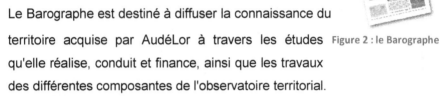

Le Barographe est destiné à diffuser la connaissance du
territoire acquise par AudéLor à travers les études
Figure 2 : le Barographe
qu'elle réalise, conduit et finance, ainsi que les travaux
des différentes composantes de l'observatoire territorial.

Ce dernier collecte et organise des données afin de quantifier les
phénomènes locaux, d'en analyser les évolutions, pour une meilleure
connaissance des spécificités locales, qu'elles soient économiques,
environnementales ou sociétales.

Thèmes abordés :

- Les données sociodémographiques : l'habitat
- L'activité économique : Emploi, secteur d'activités, l'actualité des
  entreprises,
- L'aménagement du territoire (Projet BGV, SCoT et Grenelle),
  Economie, Territoire, Revue de presse, cartographie, l'actualité des
  entreprises, la conjoncture

➜ Publication semestrielle de 1000 exemplaires, pour une veille
collective par les techniciens et les élus du Pays de Lorient

ECO ACTU

Revue économique de l'Agglomération Lorientaise qui parle des hommes, des entreprises, des structures, des filières qui façonnent et animent le paysage économique du territoire.

→ Publication trimestrielle de 2500 exemplaires destinée aux entreprises.

Figure 3 : l'Eco ACTU

LES RAPPORTS D'ACTIVITES

Les rapports d'activités de l'agence présentent les grandes missions d'Audélor ainsi que l'ensemble des actions

et des études réalisées au cours de l'année écoulée. Certains thèmes abordés régulièrement :

Figure 4 : les rapports d'activités

- Economie : l'accompagnement du développement des entreprises
- Aménagement du territoire : Une connaissance précise du territoire mise à disposition des acteurs locaux

LES COMMUNICATIONS : des productions thématiques

Chaque composante de l'Observatoire territorial développe une production spécifique. Les sujets couvrent le champ des préoccupations des acteurs locaux. Sous forme de rapports ou de documents synthétiques (4 pages), les communications paraissent au rythme de la demande des acteurs.

Figure 5 : Les communications

L'ATLAS : un portrait dynamique du Pays de Lorient

Réalisé en 2009, cet ouvrage, recueil de données cartographiées, a pour objectif de faire connaître et comprendre le Pays de Lorient en fournissant aux acteurs locaux du développement du territoire un concentré d'informations objectives sur le Pays de Lorient (30 communes).

Il s'adresse aux élus locaux, afin de mettre à leur disposition une somme de connaissances synthétiques et transversales mais également aux partenaires des collectivités locales qui collaborent aux projets de développement local et aux habitants du Pays de Lorient.

Figure 6 : L'atlas du Pays de Lorient

Cet atlas permet aux collégiens, lycéens et étudiants de mieux comprendre et d'appréhender les problématiques auxquelles ils doivent faire face. Ils ont des données concrètes et de proximités pour compléter leurs enseignements géographiques et socio-économiques.

L'Atlas a été réalisé par AudéLor à partir des bases de données dont elle dispose pour la conduite de ses missions quotidiennes. Ces données permettent d'obtenir un portrait dynamique du territoire et de nourrir les réflexions des politiques publiques mises en place localement.

L'Atlas aborde les grands thèmes suivants :

- une fiche d'identité du Pays de Lorient,
- le socle physique,
- la population et l'urbanisation,
- le cadre de vie,
- l'économie.

➔ Publication de 1500 exemplaires diffusée auprès de tous les acteurs du développement du territoire. Disponible Format PDF.

1.1.6. Contexte SIG

Implanté en 2002, le Système d'Information Géographique (S.I.G.) est l'un des outils transversaux de l'Agence.

Il est essentiel à la capitalisation des informations géo-localisées pour :

- améliorer la connaissance des territoires,
- diffuser l'information collectée auprès des partenaires et décideurs,
- offrir des supports cartographiques d'aide à la décision.

L'acquisition et la maintenance des données, à différentes échelles, sont permanentes pour répondre à toutes les problématiques de développement et d'aménagement local.

La capitalisation et la structuration d'informations et leurs traitements, grâce au S.I.G., sont devenus incontournables pour analyser finement le territoire, le comparer à d'autres espaces concurrentiels ou étudier son intégration dans des environnements plus larges.

Ainsi, AudéLor produit depuis plusieurs années de nombreuses études et documents d'aide à la décision où les diagnostics et préconisations se sont appuyés sur la mobilisation d'information géo-localisées.

AudéLor dispose aujourd'hui d'un capital d'informations indispensable à ses missions, dont cet atlas est l'un des résultats.

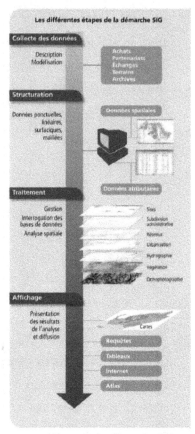

Figure 7 : La démarche SIG

Identifiée comme véritable centre de ressources, AudéLor poursuivra la diffusion de ces informations sur son site internet (www.audelor.com) par la réalisation d'une base documentaire et la mise en ligne d'un outil de cartographie, dont l'objectif sera d'offrir un complément et une actualisation régulière des données utilisées lors de la conception de cet atlas.

AudéLor est membre de GéoBretagne®, plateforme régionale d'échanges et de mutualisation de données géo-localisées.

1.2. Cap l'Orient Agglomération

Cap l'Orient agglomération est un Etablissement Public de Coopération Intercommunale (EPCI), crée en 1999. Cet EPCI regroupe 19 communes. Elle est la 3ème agglomération de Bretagne avec ses 190000 habitants. (Rennes : 395 000 Habitants, Brest : 213 545 habitants).

La communauté d'agglomération agit sur un territoire cohérent qui ne tient pas compte des limites communales mais des modes de vie des habitants. Cap l'Orient est présent au quotidien à travers de nombreux services publics qui nécessitent une gestion au niveau de l'agglomération.

Les communes s'associent en vue d'élaborer et de conduire un projet commun de développement urbain et d'aménagement du territoire comme le Plan Local d'Urbanisme.

1.2.1. Ses compétences

Comme toute communauté d'agglomération, Cap l'Orient exerce quatre compétences fondamentales :

- Le développement économique
- L'aménagement de l'espace communautaire et les déplacements urbains
- L'équilibre social de l'habitat
- La politique de la ville

Le conseil de Cap l'Orient a choisi d'exercer les compétences optionnelles suivantes :

- Protection et mise en valeur de l'environnement
- Collecte sélective, valorisation et traitement des déchets ménagers
- Voirie d'intérêt communautaire
- Développement touristique et maritime
- Construction et gestion d'équipements culturels et sportifs d'intérêt communautaire
- Développement de l'enseignement supérieur, de la recherche et des transferts de technologies, des NTIC (nouvelles technologies de l'information et de la communication)
- Participation aux schémas régionaux de formation
- Promotion du Pays de Lorient
- Services : accueil des gens du voyage, chenil, surveillance des zones de baignade, eau potable pour le compte de Lorient et Lanester

1.2.2. Convention de mutualisation de moyens Cap l'Orient/AudéLor

Le développement du très haut débit sur le territoire et l'importance grandissante des technologies de l'information dans le quotidien des communes conduisent naturellement à la mise en place d'une plateforme de services permettant d'optimiser l'usage de ces technologies et réduire aussi les investissements.

C'est dans ce cadre que l'agglomération propose ses services afin de partager des moyens informatiques : serveurs, réseau de fibre optique et téléphonie. Une convention avec AudéLor a été signée. Cette mutualisation a pour but de réduire l'assistance aux machines par le responsable informatique de l'Agence.

L'agence utilise le réseau de fibre optique de Cap l'Orient (60km). Ses serveurs sont hébergés au Parc de Soye à Ploemeur et gérés par Cap l'Orient, notamment le serveur web hébergeant le portail cartographique que je réalise lors de mon stage et le site internet d'AudéLor.

1.2.3. Focus : mutualisation des ressources SIG

AudéLor et Cap l'Orient possèdent ou génèrent leurs propres données (PLU, Urbanisme, Aménagement du Territoire,...). Elles échangent leurs données et les dupliquent car elles ne les entreposent pas sur un même lieu de stockage. Pourtant, elles utilisent les mêmes infrastructures et les mêmes serveurs. L'objectif entre ces deux structures est d'avoir un seul entrepôt de stockage unique et partagé. Pour le moment, AudéLor possède des bases de données sous MySQL, et des données SIG dans de multiples formats.

1.3. GéoBretagne

Afin d'améliorer la connaissance de leur territoire, les acteurs publics bretons se sont fédérés autour d'un projet partenarial, GéoBretagne.

GéoBretagne®

C'est une plateforme d'échange et de consultation des informations géographiques (http://www.geobretagne.fr/web/guest/le-visualiseur). GéoBretagne est née de cette volonté de partager et de publier les informations géographiques utiles à la compréhension et au devenir des territoires en Bretagne. Sa vocation fondamentale est de permettre l'échange et l'utilisation de l'information géographique dans une perspective de connaissance et d'analyse des territoires. GéoBretagne est un outil d'aide à la décision dans le cadre de la mise en œuvre des politiques publiques. GéoBretagne a constitué le projet geOrchestra qui est basé sur le visualiseur de GéoBretagne.

Ce projet est inscrit dans le Contrat de Projets Etat-Région (CPER) 2007-2013 en Bretagne. Son pilotage est assuré par la Préfecture et la Région Bretagne. Au niveau national, ce projet a reçu le prix Territoire Innovant. GéoBretagne compte fin 2010 près de 70 partenaires ou adhérents (collectivité locales, agences d'urbanisme, services déconcentrés de l'Etat, association environnementales, ...) qui partagent et ont accès à plus de 160 couches d'informations géolocalisées. AudéLor et Cap l'Orient Agglomération sont tous deux des partenaires de GéoBretagne.

Sa création s'inscrit dans le cadre de l'émergence récente de sites internet de publication d'informations géographiques et GéoBretagne

20

offre de nombreuses similitudes avec ces derniers mais s'illustre également par ses spécificités. Ce projet trouve un écho international au Chili notamment où le gouvernement souhaiterait reprendre le concept.

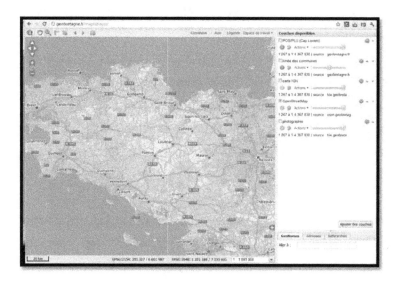

Figure 8 : visualiseur de GéoBretagne

1.4. Les outils SIG d'AudéLor et Cap l'Orient Agglomération

Les deux structures utilisent le même SIG client : GeoMédia d'Intergraph. AudéLor pour ses besoins d'analyse territoriale est équipée du logiciel Cartes & Données d'Articque. Cap l'Orient Agglomération utilise des applicatifs métiers (Urbanisme, Transport, Architecture, Espace Verts, Gestion des déchets ...). On peut citer ACTIGIS, utilisé par le Pôle AET (Aménagement Environnement Transport) notamment pour l'instruction du droit des sols.

1.4.1. Les Outils SIG (Geomédia, ActiGIS)

Le logiciel GeoMédia fonctionne selon un principe différent de celui des autres logiciels SIG concurrents (ArcGIS, MapInfo), il est basé sur deux concepts principaux :

- La connexion à de multiples sources et formats de données (Datawarehouses), via un Geoworkspace, à savoir l'espace de travail (équivalent du document sous MapInfo, ArcGIS).
- La projection à la volée : les données connectées peuvent être superposées, croisées et analysées, quel que soit leur système de projection propre.

Le Geoworkspace stocke tout le travail effectué sur le logiciel, c'est-à-dire les connexions aux différentes données, les fenêtres cartographiques de données et de mise en page, les informations sur le système de coordonnées, les barres d'outils et les requêtes qui ont été créées.

Le Datawarehouse (entrepôt de données) stocke les informations géométriques et attributaires. Dans Geomedia, les Datawarehouses peuvent être regroupés sous deux types différents :

- les warehouses propres au logiciel GeoMédia avec des classes d'entités pouvant être créées, supprimées et mises à jour. Le format par défaut est Access. L'accès à ce type de source est direct sans configuration particulière.
- Les warehouses propres aux autres formats de données qui ne peuvent être ouverts qu'en lecture seule. Leur accès se fait via une liaison ODBC pour le format MySQL ou via un fichier de

configuration (.INI, .CSD) pour les formats Mapinfo, Arcview, DAO, KML, GML... GeoMédia peut également afficher des formats ECW (ortho-photos géoréférencées) et des couches issues de serveurs cartographiques externes via les services WMS/WFS.

L'Agence compte actuellement environ 500 warehouses pour environ 300 warehouses Geomedia.

« Carte et Données » est, selon son éditeur Articque, un logiciel de système d'analyse géographique (SAG). Il permet de traiter des bases de données et de relier ces indicateurs à un positionnement géographique, permettant par exemple d'étudier le cadre de vie de la population ou d'analyser le trafic routier sur le territoire. Il est un véritable outil d'aide à la décision, orienté vers le marketing et le géomarketing.

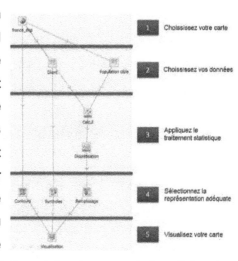

Figure 9 : fonctionnement de Cartes & Données

Cap l'Orient utilise une solution web, ActiGIS qui est un système d'information géographique collaboratif permettant aux collectivités et aux EPCI la consultation, la mise à jour, l'analyse et l'édition de toutes les informations liées à la gestion du droit des sols (PLU, Permis de construire...).

1.4.2. Les données à disposition

L'agence produit depuis plusieurs années des études et des documents d'aide à la décision s'appuyant sur de nombreuses informations géolocalisées. Les données sont stockées dans des bases Access et MySQL et dans de nombreux format : Excel, PDF, CSV, DBF, texte, MapInfo, ArcView et dans le SIG commercial de l'agence GeoMédia.
Aterme, les bases seront entreposées dans des bases PostGreSQL/PostGIS.

Le système de projection utilisé par l'Agence est le Lambert 93 commun (RGF 93) et le Lambert 93 local (RGF 93 CC48). Il reste cependant quelques données en Lambert II étendu (carto).

L'agence dispose notamment de nombreuses données SIG

- Données issues d'AudéLor(Agriculture, démographie,...)
- Données de l'IGN RGE (BD Ortho, BD Topo, BD Adresse, BD Parcellaire) et BD alti (pas de 25m)
- Données via GéoBretagne de l'IGN (BD Carto, Scan 25)
- Référentiel Cadastre du Pays de Lorient (PCI Vecteur+ Données MAJIC III)via une convention avec Cap l'Orient Agglomération et le Conseil Général du Morbihan
- Orthophoto de 2010 du Pays de Lorient (20 cm de résolution)
- Données des zones d'activités, une des seules données créées seulement par l'agence.

La totalité des fichiers SIG est stockée sur le même serveur et répartie suivant leur type :

- REF_GEO : entrepôts de référentiel à différentes échelles (Europe à Infra communal)
- REF_THEMA : entrepôts de données thématiques (Environnement, Démographie, Equipement, Foncier, Habitat, Economie, Formation, Emploi, Entreprise, Fiscalité, Citoyenneté, Mobilité, Tourisme, Santé Sociale).

II. Mise en place de l'outil : le portail cartographique

2.1. Organisation du travail

2.1.1. SADT et Diagramme de GANTT

Le diagramme SADT (Analyse Fonctionnelle) se décompose en six schémas qui détaillent la façon dont j'ai organisé mon travail sur ce projet. De plus, vous trouverez dans l'annexe le digramme de Gantt permettant de visualiser la gestion de ce projet dans le temps.

REALISATION DU PROJET : MISE EN PLACE D'UNE INFRASTRUCTURE DE DONNEES SPATIALES POUR AUDELOR

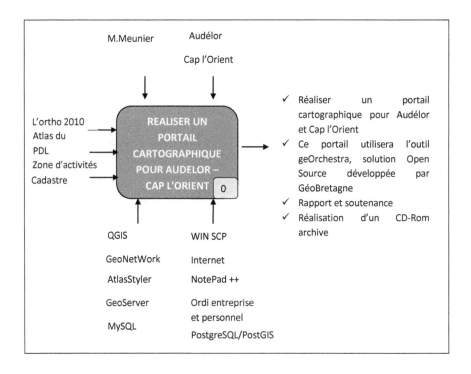

NIVEAU 0 : PROJET D'AUDELOR ET CAP L'ORIENT AGGLOMERATION

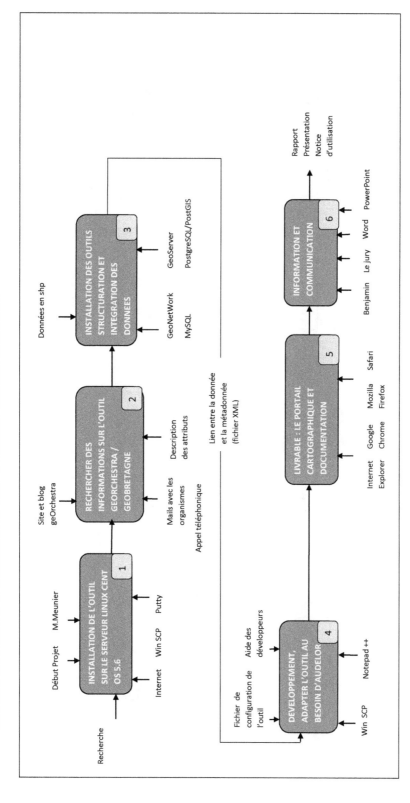

NIVEAU 1 : INSTALLATION DU SERVEUR ET DE L'OUTIL DE GEORCHESTRA (MAPFISH)

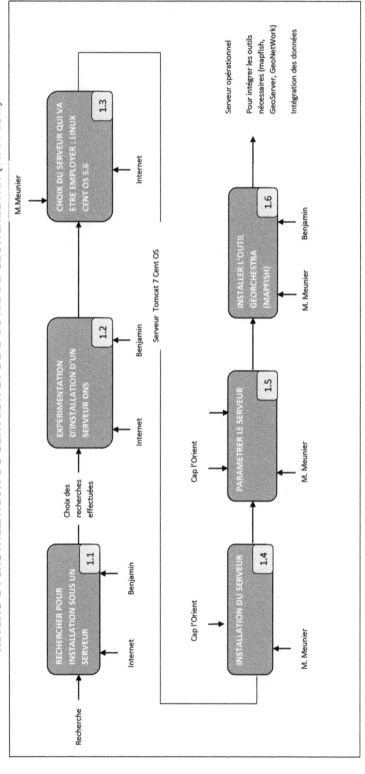

NIVEAU 2 : RECHERCHER DES INFORMATIONS SUR L'OUTIL GEORCHESTRA / GEOBRETAGNE ET INSTALLATION DES OUTILS NECESSAIRES

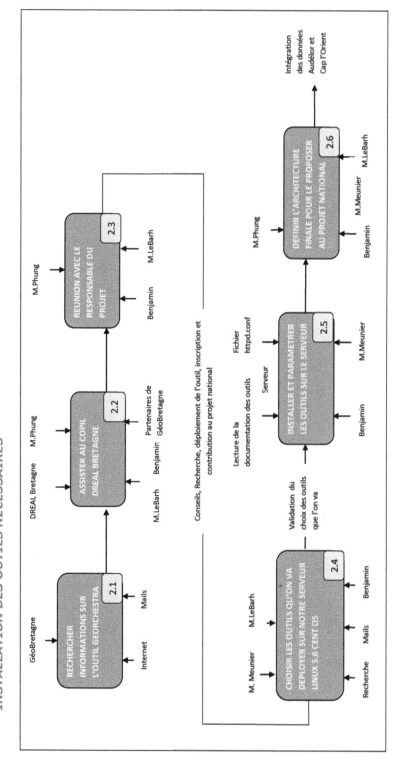

NIVEAU 3 : STRUCTURATION ET INTEGRATION DES DONNEES

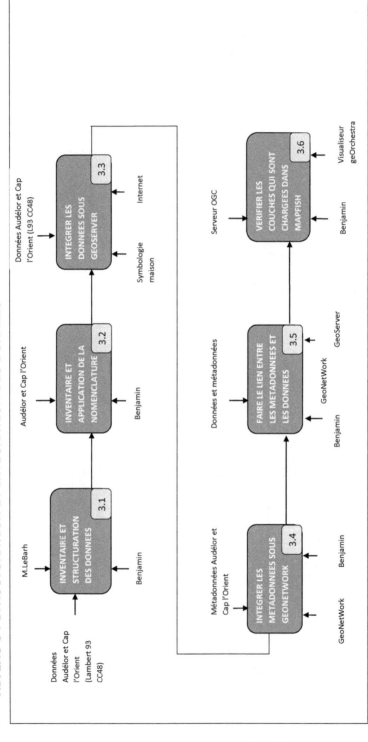

NIVEAU 3.3 : INTEGRER LES DONNEES SOUS GEOSERVER

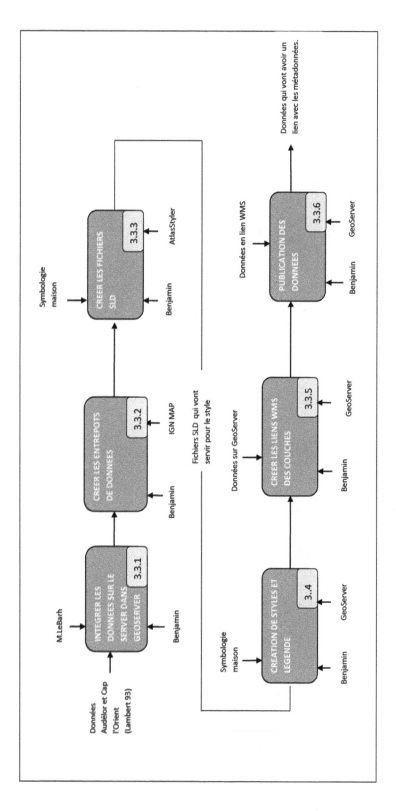

NIVEAU 3.4 : INTEGRER LES METADONNEES SOUS GEONETWORK

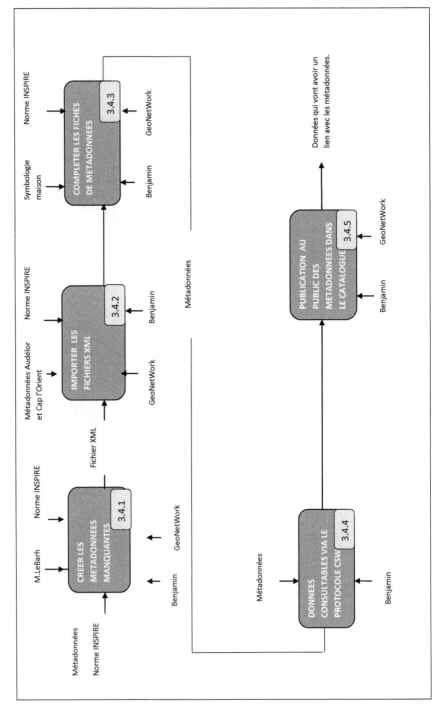

NIVEAU 3.5 : FAIRE LE LIEN ENTRE LES METADONNEES ET LES DONNEES

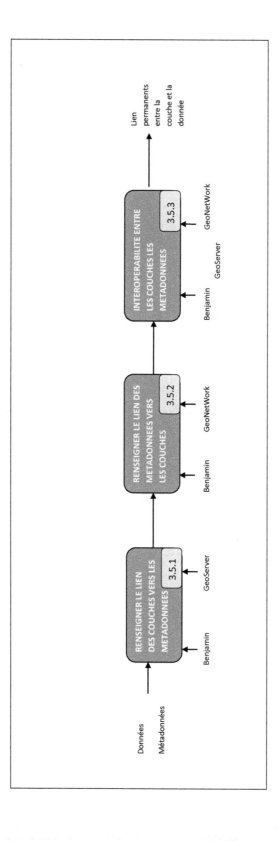

NIVEAU 4 : DEVELOPPEMENT, ADAPTER L'OUTIL AU BESOIN D'AUDELOR

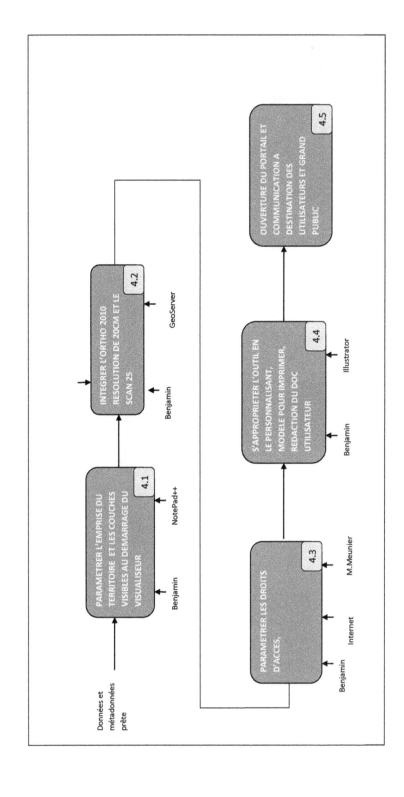

2.1.2. Situation actuelle et les objectifs

Situation actuelle :

Suite à la publication de l'Atlas du Pays de Lorient, un projet de mise en ligne des données diffusées dans cet atlas avait été soumis fin 2009.

Avant le début de mon stage, la mise en place d'un portail cartographique était déjà en cours depuis l'année précédente. Une stagiaire avait mis en place un portail cartographique mais celui-ci n'était pas en conformité avec la directive INSPIRE. De plus, le portail n'étant pas une Infrastructure de Données Spatiales. Il n'a malheureusement pas vu le jour, du fait de sa non-diffusion au sein de l'agence et au grand public. Cette solution étant basée sur MapServer, avec une interface qui repose sur PMapper, outil peu suivi par la communauté de développeurs.

Objectifs à atteindre :

L'agence d'urbanisme et Cap l'Orient agglomération souhaitent mettre en place une Infrastructure de Données Spatiales sur le territoire du Pays de Lorient, dans le but de diffuser de l'information géographique à l'intention de divers public, (élus, décideurs, techniciens, entrepreneurs, grand public). Les données géolocalisées ciblées dans un premier temps pour cette application sont les sites d'activités comprenant les zones, les terrains et les entreprises implantées. Puis à terme, le but est d'intégrer les données de l'Atlas du Pays de Lorient et/ou les données qui sont analysées dans le Barographe. Cap l'Orient Agglomération mettra en ligne les données d'urbanisme (PLU, Cadastre), des orthophotos, et toutes les informations dont la directive Inspire impose l'affichage au grand public.

AudéLor et Cap l'Orient agglomération ont choisi une solution Open Source développée par GéoBretagne sous le nom de geOrchestra. Tout deux sont partenaires de GéoBretagne, et veulent être dans la même dynamique que la région. La valeur qui sous-tend ce partenariat est la mutualisation. L'agence souhaite diffuser les données publiques afin d'être en conformité avec le directive européenne INSPIRE. De plus, AudéLor et Cap l'Orient veulent bénéficier des apports de la dynamique nouvellement créée autour de geOrchestra à l'initiative de GéoBretagne et de ses partenaires (CamptoCamp, DREAL Bretagne notamment).

La mise en place de cette IDS (Infrastructure de Données Spatiales), basée sur des technologies Open Source nécessite d'installer, configurer et paramétrer les différents modules qui seront utilisés coté serveur et client. Et enfin, l'application devra être testée auprès de groupes d'utilisateurs.

Cette opération oblige au préalable à étudier et à comprendre le fonctionnement de cette nouvelle technologie basée sur des programmations assez complexes. La mise en place de cette solution devrait permettre de bénéficier d'une expertise et une expérience régionale voire d'éviter un investissement dans une prestation ou d'une licence logicielle.

Par ailleurs, avant de diffuser des informations au grand public, l'administrateur doit s'assurer qu'il possède les droits nécessaires. Des connaissances en droit de l'urbanisme et en droit de l'environnement sont nécessaires pour éviter toute ambigüité et être en conformité avec les droits des libertés informatiques (CNIL) en amont de la réalisation de ce portail.

2.1.3. Existant

Le site de Cap l'Orient Agglomération propose aux internautes de visionner l'agglomération vue du ciel (orthophoto de 2005).

C'est une solution Open Source qui permet de se déplacer seulement sur l'agglomération avec des outils très simples comme le zoom, le déplacement de la zone de visualisation. Cette application est basée sur un Mapfile, et les couches sont entreposées sur un serveur WMS à partir de cette adresse : *http://geoservices.caplorient.fr/wms?*

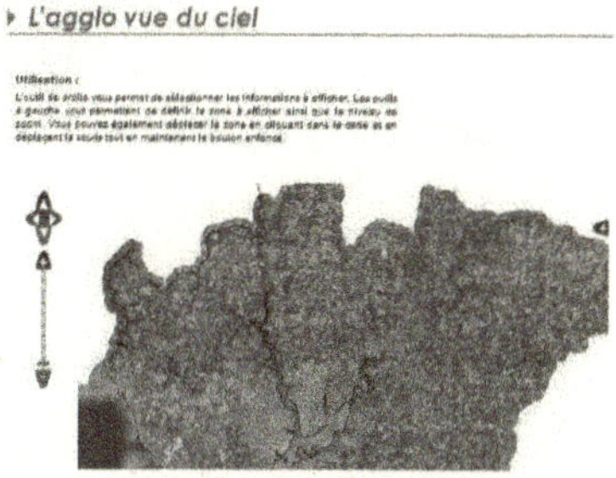

Figure 10 : Orthophotographie de Cap l'Orient

Cap l'Orient diffuse des couches informatives comme les Espaces Boisés Classés, ou encore les zonages du PLU (Plan Local d'Urbanisme).

2.1.4. Groupe de travail : L'équipe d'encadrement

Pour mener à bien ce projet je me suis appuyé sur les ressources disponibles sur internet (documentations, forums, Google groups) et sur les compétences internes ou externes à l'entreprise, et plus particulièrement auprès des personnes suivantes :

- *Jean Michel Le Barh*: Maitre de stage et administrateur des données et des systèmes informatiques (AudéLor),
- *Sylvaine Duceux* : Technicienne Responsable SIG-Cartographie-Bureau de dessin (Cap l'Orient Agglomération),
- *Thibaud Meunier*: Chef de Projet Informatique de la Communauté d'Agglomération du Pays de Lorient (Cap l'Orient Agglomération),
- *Jean Christophe Dumons* : Chargé d'études Déplacement & Cartographie (AudéLor),
- *Rozenn Ferrec* : Evaluation sociologique territoriale (AudéLor),
- *Les membres (développeurs)* du projet communautaire geOrchestra.

2.1.5. Directive inspire

La directive INSPIRE est une directive 2007/2/CE du parlement européen et du Conseil du 14 mars 2007. Elle vise à favoriser l'échange des données au sein de la Communauté européenne dans le domaine de  l'environnement. Ces données sont consultables via une Infrastructure de Données Géographiques (IDS). La directive INSPIRE s'applique aux données géographiques détenues par les autorités publiques dès lors qu'elles sont sous forme électronique et qu'elles concernent l'un des 34 thèmes figurant dans la directive. La directive impose aux autorités publiques, d'une part de rendre ces données accessibles au public en les publiant sur Internet et d'autre part de les partager entre elles. Son enjeu principal est d'améliorer l'information sur les données produites et de faciliter les échanges de données entre les acteurs.

La directive INSPIRE en plus de ces deux obligations, facilite leur mise en œuvre grâce à la publication régulière de nombreux textes techniques : prescriptions (obligatoires), recommandations, standards (reprise des standards mondiaux d'Internet et de l'information géographique).

La directive INSPIRE s'appuie sur plusieurs principes fondateurs d'une infrastructure d'information géographique :

- Les données géographiques doivent être collectées une seule fois afin d'éviter la duplication, puis stockées, mises à disposition et actualisées par l'autorité la plus compétente
- La possibilité de combiner facilement et de manière cohérente des informations géographiques provenant de différentes sources à travers l'Europe

- La fourniture des données selon des règles de mise en œuvre communes
- La constitution de catalogues de données (métadonnées)
- L'application de règles d'interopérabilité
- L'accès gratuit aux métadonnées
- L'accès aux données pour les acteurs réalisant une mission rentrant dans le cadre d'INSPIRE
- Les informations géographiques disponibles, les besoins, les conditions d'acquisition et d'utilisation doivent être facilitées.
- Les services pour permettre ces accès
- L'existence d'une organisation adaptée pour s'assurer de la bonne mise en œuvre de la directive. (En France : *la direction de la recherche et de l'innovation au ministère de l'écologie, de l'énergie, du développement durable et de la mer)*

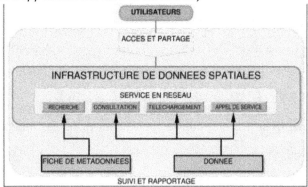

Figure 11 : « composantes » de la directive INSPIRE

L'infrastructure de données spatiales représentant une application internet donnant accès aux différents services qui sont décrit précédemment.

2.1.6. Préparation et Publication des données

La publication des données va permettre au public d'avoir une meilleure connaissance et une compréhension du territoire du Pays de Lorient.
Le but est d'intégrer les données de l'Atlas du Pays de Lorient et/ou les cartes qui sont représentées dans le Barographe.

Les données qui vont être publiées sur le portail sont :
AudéLor :

- Zones d'activités
- Sites naturels du Pays de Lorient
- Patrimoine naturel
- Données « statistiques » (sur la base des publications (Atlas, Barographe)
- Le Scan 25
- Trafic routier
- Le parcellaire
- …

Cap l'Orient Agglomération

- Le POS/PLU
- Servitudes
- Informations complémentaires
- Prescriptions
- L'orthophographie 2010 (résolution 20cm)
- Réseau de fibre optique
- …

Lors d'une réunion, l'équipe d'AudéLor et moi-même, nous sommes mis d'accord sur les couches qu'il allait falloir intégrer. En effet, l'atlas possède de nombreuses données sociologiques et démographiques et nous avons dû sélectionner les couches les plus pertinentes et les plus intéressantes pour les phases de tests. Ensuite il a fallu retravailler ces données statistiques, car celles-ci étaient au format Excel.

L'équipe de l'agence possédait des fichiers Excel sur le revenu moyen des foyers sur les communes du Pays de Lorient. De mon coté, je possédais une couche des communes au format ShapeFile. Avec l'outil GeoMédia, j'ai effectué une jointure sur le champ « commune » afin de créer une couche ShapeFile sur le revenu moyen des foyers.

2.2. Rencontre et installation des modules

2.2.1. Recherche et Rencontre avec le responsable de la DREAL.

Avant de me lancer dans la mise en place du projet geOrchestra au sein d'AudéLor, j'ai effectué de nombreuses recherches sur le fonctionnement et l'installation de l'outil. Avril 2011, le projet GéoBretagne n'est pas tout à fait abouti. Cependant, GéoBretagne a livré à la communauté libre une version 1.8 de la version de geOrchestra.

Avant d'entreprendre l'installation de l'outil, j'ai pris contact avec le responsable du projet geOrchestra à la DREAL Bretagne afin de le rencontrer. Cette rencontre m'a donné des éléments de réponses sur des questions que je me posais (installation, outils, normes...).

J'ai assisté à un comité de pilotage du projet GéoBretagne qui m'a permis de mieux comprendre le contexte et le but de ce projet. Le responsable de GéoBretagne m'a conseillé de m'inscrire sur une communauté : le Google Groups geOrchestra. Ce groupe est un site de discussion autour du projet. Il permet de répondre aux questions techniques, aux éventuelles modifications, aux demandes des utilisateurs ou aux nouveaux développements permettant une amélioration du projet.

2.2.2. Installation des outils et conditions d'utilisation :

Avant l'installation des modules, il a fallu également que je prenne en main les outils utilisés et que je crée les documentations pour chacun d'entre eux.

Pour le développement de l'IDS, coté serveur, comme geOrchestra est développé en technologie J2EE, l'équipe et moi-même, avons travaillé sur des machines virtuelles « test » avant que celui-ci soit redéployé sur un serveur de production. Ces dernières étant sous Linux (Cent OS 5.3 avec un Tomcat 7 (3 Go de RAM, 2 disques de 4 Go, 1 CPU)). Ce choix a été effectué du fait de la stabilité des outils entre eux et de la sécurité de ces derniers. L'hébergement du portail se fera ensuite sur un serveur de production de Cap l'Orient Agglomération lorsque celui-ci aura été validé.

Coté client, aucune installation n'est à prévoir et l'outil doit être accessible à partir des navigateurs les plus courants :

- Internet Explorer (testé sur 9.0)
- Google Chrome (testé sur 12.0)
- Mozilla Firefox (testé sur 3.6 et 4.0)
- Safari (testé sur 5.0.5)

Le site sera accessible à partir du site d'AudéLor et de Cap l'Orient. Le site bénéficiera de liens vers GéoBretagne et des documentations des modules en version HTML et PDF. L'interface graphique du site devra être personnalisée pour se démarquer du site de GéoBretagne (mise en place d'une bannière, d'une aide personnalisée, d'un logo). Une personne (pas encore désignée) sera affectée à la mise à jour des données et à d'éventuelles évolutions de l'outil (développement, programmation,...).

- **Public visé :**

Tout d'abord le portail cartographique sera destiné aux visiteurs (géomaticiens ou non), mais aussi bien aux chargés d'études en aménagement du territoire (domaine urbanisme, économie...), aux collectivités territoriales et aux entreprises (recherche de site d'implantation).

- **Budget :**

Il n'y a pas de budget de prévu pour la mise en place de l'outil, ni pour l'achat de données. Enfin il faut minimiser les activités de maintenance à l'avenir.

Utilité, valeur ajoutée pour l'entreprise :

Outil de communication pour Audélor, lui permettant de valoriser son rôle d'observatoire du Pays de Lorient et de pouvoir communiquer ces données au grand public via le web.

- **Territoire couvert (échelle, niveau de précision) :**
  - o Echelle minimale : Pays de Lorient.
  - o Echelle maximale : niveau cadastral. (Échelle = 1 :1064)

- **Accompagnement**

La prise en main du site est supposée être relativement intuitive.
Une documentation technique un guide d'utilisation de chaque outil et de l'application sont prévus.

- o La documentation technique, est fournie dans ce rapport et disponible en ligne.
- o Le guide d'utilisation fait l'objet d'un document séparé et est disponible en ligne.

J'ai du avant tout me familiariser avec les outils que j'allais utiliser durant mon stage. En effet, il fallait assimiler le fonctionnement de l'IDS, les modules qui le composent, l'arborescence des dossiers et le déploiement des applications (fichier WAR) sur les serveurs Tomcat.

Le responsable informatique de Cap l'Orient Agglomération a configuré le serveur Tomcat de sorte que ce dernier soit prêt pour l'installation des composants (MapfishApp, GeoServer, GeoNetWork, …).

Pour le moment, des données comme le Plan Local d'Urbanisme sont entreposées sur le serveur de GéoBretagne. Comme le stipule la directive INSPIRE, la donnée doit être entreposée dans un seul et même endroit. A terme, l'objectif est que le serveur de GéoBretagne rapatrie les couches du serveur de Cap l'Orient. Ainsi sur le service de GéoBretagne, l'utilisateur pourra consulter les couches disponibles sur le serveur de Cap l'Orient. Cela s'appelle le moissonnage. L'avantage pour l'agglomération est une mise à jour plus régulière des données.

2.3. L'outil geOrchestra : description et architecture

Les IDS mettent en avant l'échange et le partage des données. La mise en place d'un IDS possède des avantages, dans le fait que l'application utilise un navigateur web pour son fonctionnement. Ce qui est un atout, du fait que l'utilisateur n'a pas la nécessité d'installer, voire d'acheter un logiciel pour pouvoir visualiser, naviguer et effectuer des requêtes des couches d'informations géographique.

Cette solution s'avère pertinente dans le cadre d'une agence d'urbanisme et d'une collectivité territoriale, où l'utilisation des SIG par des non-géomaticiens, consiste principalement en la consultation et à la visualisation de données. Certes, il ne propose pas autant de fonctions que les SIG bureautiques. L'utilisation de ce dernier permet d'étendre l'accès à l'information géographique sans pour autant acheter des licences nécessaires pour pouvoir l'utiliser, cela permet de diminuer les coûts.

Les collectivités publiques de tous ordres ont besoin d'informations géographiques exactes et à jour pour prendre des décisions judicieuses sur des thématiques variées (SCOT, PLU, zone d'activités, ...). Elles se servent des données géospatiales pour améliorer la gestion de :

- Des urgences : planifications des mesures de préventions, de servitudes, protections des personnes et des biens, analyse des catastrophes et des manifestations publiques
- Des infrastructures : transport, services municipaux, entretien des parcs, équipement sur le terrain, réseau de fibre optique
- Du territoire : cadastre, PLU, SCOT, ressources naturelles, protection de l'environnement et du développement économique
- La cartographie et la production cartographique
- Des services pour la population : accès à l'information publique en ligne

AudéLor et Cap l'Orient Agglomération ont donc fait le choix d'une Infrastructure de Données Spatiales.

2.3.1. L'Infrastructure de Données Spatiales : geOrchestra

Le projet geOrchestra est un projet communautaire qui a pour objectif de développer une Infrastructure de Données Spatiales (IDS) modulaire, interopérable et Open Source. Un IDS est un système informatique qui intègre un ensemble de

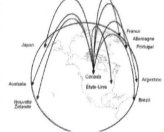

Figure 12 : infrastructure mondiales de données spatiales

47

services (catalogues, serveurs, logiciels, données, applications, site collaboratif, extraction, téléchargement, traitements des données) couvert par plusieurs logiciels intégrés au sein d'une même plateforme. Ce dernier est utilisé dans la gestion de l'information géographique (cartes, couches, orthophotoplans, images satellitaires,...).

geOrchestra est un outil complet de publication développé pour la plateforme GéoBretagne. Celui-ci a été reversé dans le monde libre et déjà réutilisé par d'autres structures (INRA Montpellier, Brest Métropole Océane,...). Elle bénéficie d'une communauté d'utilisateurs croissante depuis quelques mois.

Elle intègre les logiciels libres GeoServer, GeoNetwork, GeoWebCache, OpenLayers, GeoExt, Mapfish et s'appuie sur les services web standardisés par l'OGC comme le WMS, WFS, WMC, SLD et le CSW pour offrir à ses utilisateurs un ensemble de fonctionnalités avancées.

Il intègre les meilleurs composants cartographiques du web dans une Infrastructure de Données Spatiales riche en fonctionnalités, libre, interopérable et facilement réutilisable.

C'est une solution pour publier et partager des données localisées sur l'intranet et internet dans le cadre de la directive INSPIRE.

geOrchestra est une suite de modules complètement indépendants et interopérables :

- un visualiseur : dont un styleur, un requêteur et un éditeur.

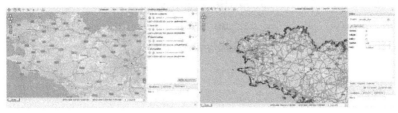

- un catalogue

- un extracteur

- un Geopublisher

- un site éditorial. (voir www.georchestra.org)

- Impression de carte en PDF (voir chapitre 3.4)

Ces différents modules sont faiblement couplés ce qui implique que le fonctionnement de chaque module n'affecte pas les autres. La communication entre les modules utilise les standards de l'OGC.

geOrchestra utilise les standards proposés par l'OGC, notamment :

- WMS : Web Map Service
- WMTS : Web Map Tile Service
- WFS : Web Feature Service
- WCS : Web Coverage Service
- WMC : Web MapContext
- SLD : Styled Layer Descriptor
- FE : FilterEncoding
- CSW : Catalog Service

2.3.2. OpenLayers et les systèmes de projection (Proj4js)

Les données qui sont entreposées coté serveur pourront être visualisées grâce à un client cartographique tel qu'OpenLayers présent dans le projet geOrchestra.

Aujourd'hui, OpenLayers est l'un des projets de la fondation GeoSpatial Open Source (OSGeo). C'est un logiciel libre sous licence BSD implémenté sous la forme d'une bibliothèque Javascript de cartographie dynamique sur Internet. OpenLayers est integré dans le framework Mapfish pour la partie cartographie. Ext JS est utilisé quand à lui pour la partie GUI (Graphical User Interface). C'est une bibilothèque Javascript puissante et très suivie.

OpenLayers offre de nombreuses fonctionnalités : visualisation, manipulation, affichage de fonds cartographiques tuilés, accès aux données géographiques dans les différents formats existants, notamment les standards de l'OGC tels que les protocoles WMS et WFS.

Proj4js est une bibliothèque de projections cartographiques (langage C) utilisée par la plupart des logiciels SIG Open Source et les IDS comme geOrchestra. Il permet d'effectuer les conversions de coordonnées. Cette bibliothèque est difficile à appréhender car elle possède des notations qui peuvent paraitre ésotériques.

```
Ex : Proj4js.defs["EPSG:3948"] = "+proj=lcc +lat_1=47.25
+lat_2=48.75 +lat_0=48 +lon_0=3 +x_0=1700000 +y_0=7200000
+ellps=GRS80 +towgs84=0,0,0,0,0,0,0 +units=m +no_defs";
```

2.3.3. L'interface Graphique

Voici l'interface proposé par geOrchestra avec la couche des communes et des EPCI.

L'interface de cartographie interactive proposée par geOrchestra est découpée en deux zones complémentaires :

- Une zone de cartographie et de visualisation des données
- Une zone de liste des couches disponibles avec ses outils

La zone de liste des couches permet de sélectionner les données à visualiser, ou à cacher.

L'utilisateur peut effectuer des actions sur une couche telles que : accéder à la fiche de métadonnées ou aux outils propres à celle-ci (éditer la

Figure 13 : l'interface du visualiseur

symbologie, effectuer une requête, jouer sur la transparence des couches, mettre au premier plan une couche, etc …). Cette zone permet de sélectionner les autres couches disponibles sur le serveur suivant des thématiques ou des mots clés.

Un outil de connexion de serveur WMS est disponible afin de rapatrier des couches d'un serveur OGC distant. L'utilisateur possède un outil de recentrage de visualisation de la carte (ville, adresse).

La zone de cartographie présente les données qui sont disponibles sur le serveur WMS. Des outils classiques ont été intégrés directement à la zone d'affichage cartographique :

- Des outils de déplacement et de zooms progressifs (avec l'aide des flèches et des zooms avant et arrière)
- Des outils de déplacement et de zooms manuels (avec l'aide de la souris/molette et à la définition d'une zone à agrandir)
- Des outils de mesure et de surface
- L'affichage d'une carte de situation
- Un module pour imprimer des couches sur un document PDF.
- Des historiques de navigation (zoom précédent)

- L'affichage des coordonnées géographiques du curseur de positionnement de la souris sur la carte en Lambert 93 (EPSG : 2154) et Lambert 93 CC48 (EPSG : 3948)
- L'affichage des échelles numériques (liste déroulante) et graphiques
- Une zone de connexion (accès à des outils pour le style et les requêtes)
- Une légende et une aide sur le visualiseur et les différents modules
- Outil de sauvegarde et de chargement d'une carte

2.3.4. Architecture de geOrchestra.

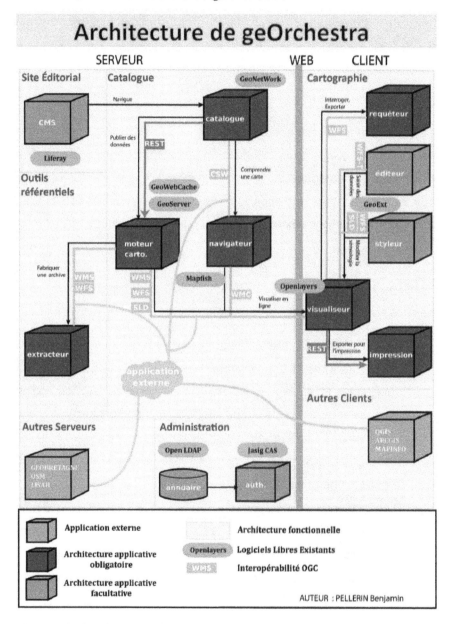

Figure 14 : Architecture de geOrchestra

Les IDS mettent en avant un fonctionnement de type client/serveur. Le serveur est chargé de transmettre des informations au client pour que celui-ci les retranscrivent.

Situé au cœur de toute application de « SIG-WEB » ou « IDS », le serveur est de loin le plus sollicité. Son travail consiste, à analyser et à répondre aux demandes du client. Le serveur permet d'entreposer les données et les met à disposition des clients sur demande, tout en contrôlant leurs habilitations à pouvoir visualiser les données.

L'outil geOrchestra est basé sur une architecture de type client/serveur. La mise en place de l'outil implique notamment l'utilisation :

- D'une application client (installée coté serveur) basée sur le framework « mapfish » (environnement d'interface) permettant de développer et d'intégrer des outils de navigation plus ou moins avancés accessibles dans une interface web personnalisable.
- D'un serveur cartographique (GeoServer) pour permettre le stockage et l'affichage des données locales géoréférencées avec le système de projection (proj4js)
- D'un catalogue de métadonnées (GeoNetWork) pour rassembler et organiser les métadonnées et les structurer de façon homogène, afin de les valoriser et d'en favoriser la diffusion et la consultation.
- D'un visualiseur basé sur OpenLayers afin d'afficher des données géolocalisées.

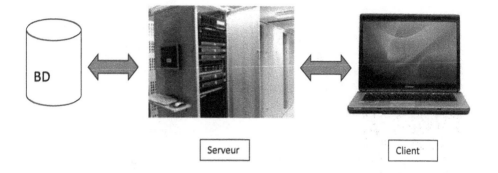

Serveur

Client

Figure 15 : Interaction entre la Base de Données, le serveur et le client

Les contraintes spécifiques de l'infrastructure informatique de Cap l'Orient a conduit à une architecture de l'IDS adaptée (voir schéma suivant)

Architecture de geOrchestra au sein de Cap l'Orient

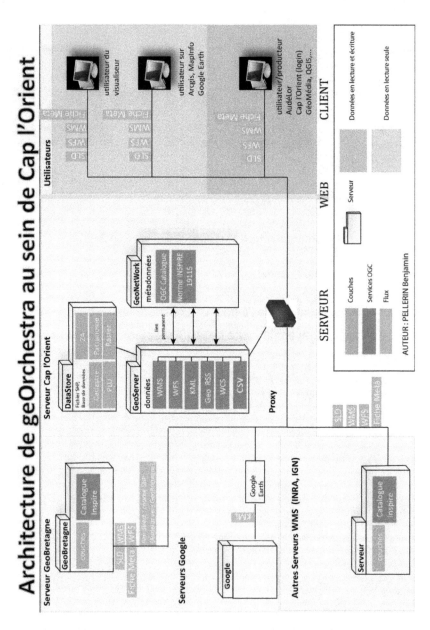

Figure 16 : Architecture de geOrchestra chez Cap l'Orient Agglomération

56

2.3.5. Fonctionnement de geOrchestra

Ce chapitre aborde le fonctionnement de geOrchestra :

- Consulter un serveur WMS,
- sélectionner une couche,
- l'ajouter à la carte.

Sur sélection ou entrée d'une adresse d'un serveur WMS, une requête getCapabilities [1] est envoyée au serveur pour rapatrier la liste des couches qui est affichée ensuite dans un formulaire tabulaire [2]. Lorsqu'une couche est ajoutée, un appel GET WMS getMap [3] rapatrie la carte [4].

En passant par la liste de thèmes du géocatalogue [5] : sur sélection d'un thème [6], le catalogue est interrogé par POST CSW getRecords [7], puis la liste des couches du thème est affichée [12]. Lorsqu'une couche est ajoutée, un appel GET WFS getCapabilities[13] est effectué pour connaitre les caractéristiques du serveur et de la couche [14]. L'appel getMap [3] est ensuite effectué.

En passant par la liste des mots-clefs : un appel POST CSW getDomain [10] est d'abord effectué pour rapatrier la liste des mots-clefs. La suite [11,12...] est analogue à la consultation par thèmes.

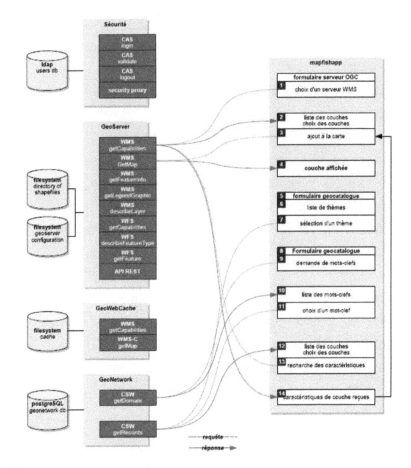

Figure 17 : architecture de geOrchestra

Lorsque qu'une donnée doit être publiée sur un serveur WMS, il faut commencer par créer une fiche de métadonnées, ensuite la valider et la publier. Dans le même temps, on crée un répertoire où l'on dépose ses données vectorielles. On publie la couche en WMS ou WFS grâce au lien que l'utilisateur a renseigné dans la fiche de métadonnées, puis on affiche les couches sur le portail.

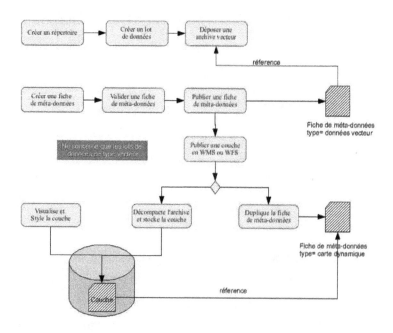

Figure 18 : publier un lot de données vecteur

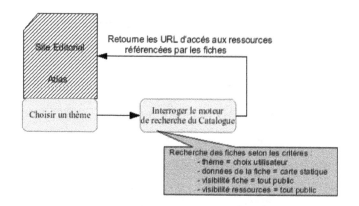

Figure 19 : consulter l'atlas des cartes du site éditorial

2.3.6. Interopérabilité avec la base PostgreSQL/PostGIS

Les données SHP et PostgreSQL/PostGIS sont entreposées sur le serveur de Cap l'Orient.

GeoServer publie les données via les flux WMS et WFS. Le moteur cartographique propose des formats KML, CSV, GML afin de prévisualiser les données. Les fiches de métadonnées sont créées sur GeoNetWork. Un lien lie la métadonnée et la donnée (SHP ou PostgreSQL).

Grace à l'interopérabilité de geOrchestra, l'utilisateur peut faire appel à un serveur WMS externe (IGN, INRA, ...) afin d'afficher les couches de ce dernier. Il suffit juste à l'utilisateur de connaitre l'adresse WMS, une requête GetMap est alors envoyée au serveur distant afin d'afficher la liste des couches, puis d'afficher les couches dans l'IDS.

Le principe est le même lorsqu'un IDS ou un client lourd tel qu'ArcGIS ou QGIS veut se connecter et afficher les couches du serveur de Cap l'Orient.

L'utilisateur doit renseigner l'adresse du serveur WMS de Cap l'Orient dans la « nouvelle connexion » (http://georchestra.caplorient.fr/geoserver/audelor_cap_lorient/wms?), la requête est envoyée, elle passe par le proxy qui autorise la connexion. Lorsque celle-ci est acceptée, la liste de couches du serveur WMS du CAPL et les couches s'affichent dans le client lourd GéoMédia.

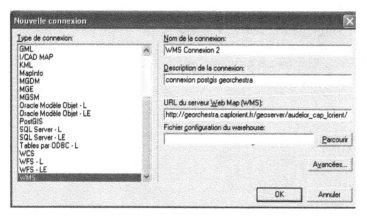

Figure 20 : connexion sur le serveur WMS de geOrchestra sous GéoMédia

Figure 21 : affichage des couches de geOrchestra sur GéoMédia

2.4. L'outil geOrchestra : paramétrage

2.4.1. Fichier de paramétrage : Fichier wmc et js

Afin qu'un utilisateur puisse charger une carte avec une emprise et des couches prédéfinies au démarrage du portail, deux fichiers de configuration sont indispensables :

- Un fichier JavaScript
- Un fichier Web Map Context

Note : Afin que les paramètres soient pris en compte par le navigateur, il faut écrire l'adresse de notre portail comme le modèle indiqué ci -contre : http://serveur:port//?jsc=default-georchestra.js&wmc=default.wmc.

Le fichier de paramétrage : Javascript (Annexe 1)

Le fichier Javascript (projlorient2.js) est stocké en dur sur le serveur à la racine du dossier Mapfishapp. Il va permettre de régler les paramètres par défaut de Mapfishapp tel que la projection, le serveur WMS et WFS.

Le fichier de contexte : WMC (Annexe 2)

Le fichier WMC (pdl.wmc) est lui aussi stocké en dur sur le serveur à la racine du dossier « Mapfishapp ». Les composantes des documents de contexte de carte Web sont :

- Etendue et emprise géographique de la région à afficher
- Système de coordonnées
- Information sur la personne contact qui a constitué le document de contexte

- Liste ordonnée de couches contenant l'URL de serveur WMS, le nom des couches, le lien vers la métadonnée

L'administrateur peut définir plusieurs fichiers WMC. Ces fichiers WMC sont stockés sur le serveur afin de charger des configurations différentes au démarrage du portail (ex : fichier WMC 1 = emprise sur le pays de Lorient, fichier WMC 2 = emprise sur la région Bretagne). Les documents de contexte de carte Web sont spécifiés coté client. Le document de contexte de carte Web n'est pas envoyé sur le serveur, le client doit interpréter le document et le traduire par des requêtes WMS.

Lorsqu'un utilisateur visionne le portail pour une première fois, les deux fichiers de configuration (JavaScript et WMC) sont stockés dans le cache du navigateur afin d'éviter les temps de chargement trop longs des couches, notamment celle de l'orthophotographie qui est stockée sur un serveur indépendant au portail.

Chargement d'un fichier contexte

Sous le geOrchestra, un utilisateur peut configurer la carte et la sauvegarder sous forme de document de contexte de carte Web. Il est possible de charger le document de contexte à tout moment. Cela permet à un utilisateur de constituer sa bibliothèque de cartes pré-configurés et de les charger en un temps assez court. Ces fichiers WMC qui permettent d'afficher des cartes préconfigurées peuvent être rappelés, à la demande, à l'aide du navigateur (figure 21).

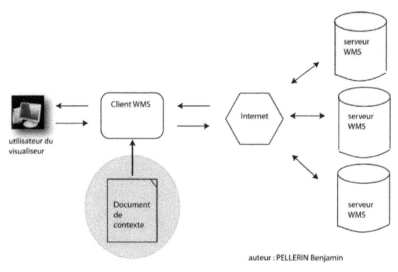

auteur : PELLERIN Benjamin

Figure 22 : connexion d'un utilisateur vers un IDS avec le document de contexte

2.4.2. Insertion de l'orthophotographie et du Scan 25

Cap l'Orient a déjà entreposé l'orthophotographie 2005 et le scan 25 sur un serveur WMS (http://geoservices.caplorient.fr/wms?), ce serveur WMS est basé sur Mapfile qui agit en interaction avec l'outil Actigis. L'outil geOrchestra permet grâce à son interopérabilité de pouvoir récupérer les couches entreposées sur plusieurs serveurs. Je rappelle que la norme INSPIRE stipule que la donnée doit être entreposée à un seul et même endroit. Grâce au fichier WMC, un service de rapatriement de sources de données WMS est disponible. Cela évite une redondance des données. Il suffit d'avoir l'adresse de la source de données, puis de publier la ou les couches disponibles sur le serveur distant.

Comme on peut le voir ci-dessous, l'orthophotographie a bel et bien été intégrée au portail cartographique. En annexe, figure le fichier PMapper qui permet de diffuser cette couche.

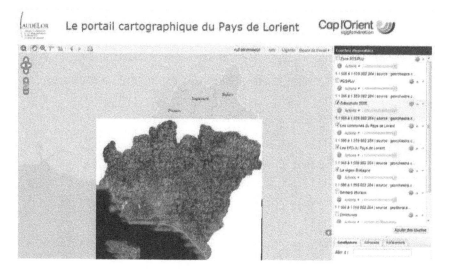

Figure 23 : Affichage de l'orthophotographie sous l'IDS geOrchestra

2.4.3. La liste des couches : le Geocatalogue

Dans geOrchestra, un outil (« Geocatalogue ») permet d'afficher les couches disponibles sur le serveur WMS et de consulter une fiche de métadonnées. Dans le même temps ce dernier classe les couches suivant une ou des thématiques.

Cet outil « ajouter une couche » interroge par le biais d'un appel « POST CSW getRecords » les fiches de métadonnées.

Au préalable, les fiches de métadonnées doivent être renseignées sur les champs suivants :

- Mots clés
- Option de transfert (protocole : OGC-WMS Server http :....)

Cet appel permet de rapatrier l'emplacement de la couche, ainsi que celle de la fiche de métadonnées. Et le choix des couches apparait dans le Geocatalogue.

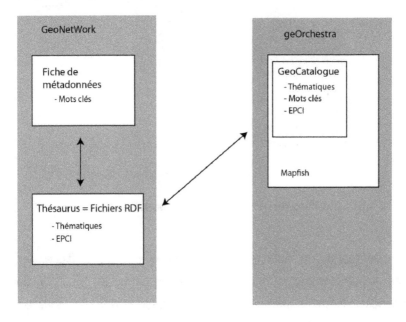

Figure 24 : Fonctionnement du fichier RDF

L'utilisateur interroge le Geocatalogue, celui-ci rapatrie les thésaurus disponibles sous GeoNetWork. Un thésaurus (fichier RFD) est un type de langage documentaire qui consiste en une liste de termes sur un domaine de connaissance. C'est un outil linguistique et d'indexation. C'est aussi une liste dans laquelle sont rangés alphabétiquement les termes des différentes ontologies concernées par le thésaurus.

L'ontologie est un ensemble structuré de concepts, l'objectif premier étant de modéliser un ensemble de connaissances dans un domaine donné. Les techniciens de l'agence et de l'agglomération entreposent leurs données selon des thématiques (voir structure de l'agence).

L'outil « Geocatalogue » interroge par le biais d'un appel « POST CSW getRecords » les fiches de métadonnées. Si un mot clé d'une fiche de métadonnées correspond à un mot du thésaurus, alors celui-ci s'affiche dans l'outil du « Geocatalogue »

Exemple : un thésaurus des thématiques de l'agence est inséré sous GeoNetWork. Dans ce thésaurus, le mot « foncier » est présent. Lorsqu'un utilisateur utilise le « Geocatalogue », sur la liste des couches qui font référence au « foncier », le thésaurus va consulter toutes les fiches de métadonnées de GeoNetWork. Seules les couches des parcelles et des bâtiments ont pour mots-clés « foncier » (figure 27). L'utilisateur pourra voir seulement ces deux couches sous ce mot-clé du thésaurus (figure 26). De plus, la fiche de métadonnées devra être complétée au niveau de l'adresse du serveur WMS afin qu'il rapatrie la couche (figure 28).

Figure 25 : Thésaurus et choix des couches

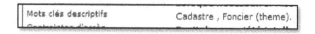

Figure 26 : mots clés sous GeoNetWork

Figure 27 : lien de l'adresse du serveur WMS

Afin de pouvoir retrouver leurs données entreposées sur le portail, il a fallu mettre en place un thésaurus des thématiques de l'agence.

Figure 28 : thésaurus des thématiques de l'agence

Figure 29 : mots clés du Géocatalogue

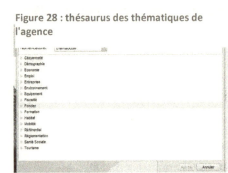

2.4.4. Espace réservé (outil de style et de requête)

Le site propose deux modes, un mode où l'utilisateur est authentifié et un espace non authentifié. GéOrchestra permet grâce à cette authentification de déverrouiller deux outils :

- outil de style (classification)
- outil de requête (attributaire et spatiale)

Ces deux outils ne sont pas accessibles pour le grand public car seuls les techniciens territoriaux sont habilités à effectuer des requêtes sur les données publiques.

Au vu du projet, le paramétrage de cette partie fut assez long. En effet de l'architecture de l'outil est complexe. Compte tenu de la maturité du projet la programmation de cette partie s'est effectuée par tâtonnement. Voici l'architecture réseau afin de comprendre la gestion des habilitations.

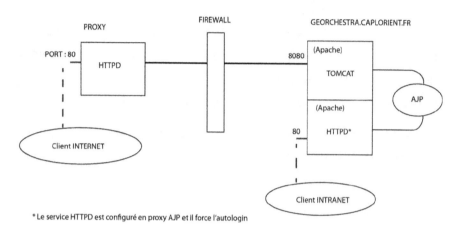

* Le service HTTPD est configuré en proxy AJP et il force l'autologin

Figure 30 : Schéma réseau

Le client internet se connecte sur geOrchestra, il passe par le proxy. Le fichier de configuration HTTPD n'est pas configuré pour l'authentification. La connexion passe alors par le firewall puis le client arrive sur la page du portail.

Le client intranet ne passe par le proxy et le firewall. Il se connecte directement sur le serveur Apache. Le fichier HTTPD est configuré en proxy AJP et il force « l'autologin » afin que les techniciens de Cap l'Orient puissent avoir un accès sur ces deux outils.
De fait, les clients internes ont davantage de droits que les clients externes.

L'outil de style

L'outil de style permet à un utilisateur de modifier ou de créer la symbologie. La couche est interrogé par *WFS : describeFeatureType* pour en récupérer les attributs. Un document SLD est ensuite fabriqué puis stocké sur le serveur MapfishApp. Lorsque la couche est réclamée au serveur WMS, celui-ci télécharge d'abord le document SLD et fabrique une carte personnalisée en fonction des filtres et des styles.

L'agence, dans son atlas, a produit des cartes avec ses propres classifications en utilisant une charte graphique très précise. Or avec geOrchestra, un service propose de créer son propre style.

Exemple : styler en rouge les parcelles cadastrales <5000m²

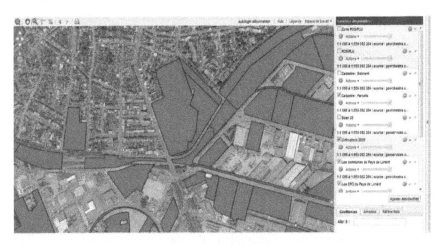

Cet outil permet de générer une nouvelle classification suivant les champs qui sont disponibles sur cette couche.

Exemple :

*Couche des revenus moyens par communes par défaut : 5
classifications (plage de couleur choisi par l'Agence)*

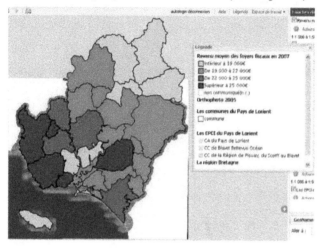

Figure 31 : style par défaut d'une couche du serveur WMS (5 classifications)

*Création par un utilisateur de la couche des revenus : 8 classifications
(palette de couleur choisi par l'utilisateur)*

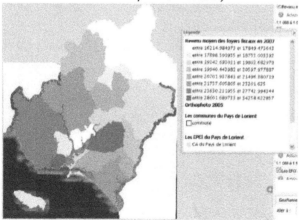

Figure 32 : style choisi par l'utilisateur sur une couche du serveur WMS (8 classifications)

L'outil de requête

- Requête attributaire

Dans geOrchestra, l'utilisateur à la possibilité de pouvoir effectuer une requête sur les couches WMS. Le requeteur fabrique des requêtes WFS géométriques et/ ou attributaires. En fait, ce dernier reçoit un flux GML qui est ensuite affiché en « vecteur » sur la carte et en « valeur » dans un tableau.

Prenons un exemple avec la couche des communes. J'ai effectué la requête suivante : une commune qui a un LIB_EPCI= « CA du Pays de Lorient » et PNUM_06 (nombre d'habitants)> 8000. Et voici le résultat, on peut s'apercevoir que la requête s'est bien effectuée et que les communes qui figurent dans les résultats sont supérieures à 8000 habitants.

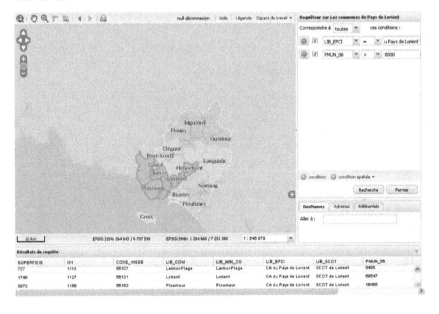

Figure 33 : Requête attributaire sur geOrchestra

- Requête spatiale

Prenons un exemple avec la couche des communes. J'ai effectué la requête suivante : intersection du polygone avec la couche des communes. On peut apercevoir que seules, les communes qui intersectent avec le polygone figurent dans le résultat.

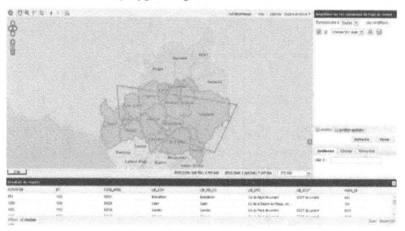

Figure 34 : requête spatiale (intersection avec l'objet)

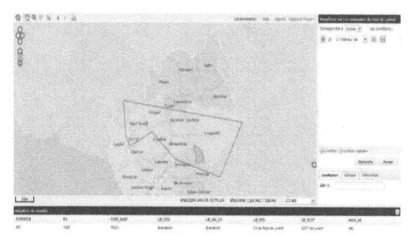

Figure 35 : requête spatiale (à l'intérieur de l'objet)

Avec geOrchestra, l'utilisateur peut effectuer une requête attributaire et spatiale dans une seule et même requête.

Figure 36 : requête spatiale et attributaire

Le résultat de la requête peut être exporté au format CSV. Le format CSV est un fichier texte contenant des lignes de données. Les valeurs de chaque rangée sont séparées par des virgules.

SUPERFICIE	ID1	CODE_INSEE	LIB_COM	LIB_MIN_CO	LIB_EPCI	LIB_SCOT	PMUN_06
4263	1043	56036	Caudan	Caudan	CA du Pays de Lorient	SCOT de Lorient	6810.0
5229	1085	56078	Guidel	Guidel	CA du Pays de Lorient	SCOT de Lorient	9877.0
1857	1090	56083	Hennebont	Hennebont	CA du Pays de Lorient	SCOT de Lorient	14174.0
4467	1097	56090	Inzinzac-Loc	Inzinzac-Loc	CA du Pays de Lorient	SCOT de Lorient	5619.0
3956	1101	56094	Kervignac	Kervignac	CC de Blavet Bellevue OcÃ©an	SCOT de Lorient	5042.0
1837	1104	56098	Lanester	Lanester	CA du Pays de Lorient	SCOT de Lorient	22627.0
10908	1107	56101	Languidic	Languidic	CA du Pays de Lorient	SCOT de Lorient	7076.0
727	1113	56107	Larmor-Plag	Larmor-Plag	CA du Pays de Lorient	SCOT de Lorient	8428.0
1748	1127	56121	Lorient	Lorient	CA du Pays de Lorient	SCOT de Lorient	58547.0
3972	1168	56162	Ploemeur	Ploemeur	CA du Pays de Lorient	SCOT de Lorient	18455.0
6733	1172	56166	Plouay	Plouay	CC de la RÃ©gion de Plouay, du Scorff au Blavet		5112.0
2393	1191	56185	QuÃ©ven	QuÃ©ven	CA du Pays de Lorient	SCOT de Lorient	8707.0

Figure 37 : résultat de la requête au format CSV

2.5. Le moteur cartographique : GeoServer

2.5.1. L'outil : description

 GeoServer

Mapfish ne permet pas la lecture directe des données SIG. Celles-ci doivent être transformées ou plutôt distribuées sous une forme que la partie cliente saura interpréter. Afin d'accomplir cette tâche, l'utilisation d'un moteur cartographique tel que GeoServer sera indispensable.

Interface transactionnel, le système GeoServer permet de diffuser, d'éditer et de stocker des objets spatiaux rendus accessibles aux travers d'un réseau. Il permet ainsi de publier et de modifier une grande variété de formats ouverts sous forme de cartes, d'images ou encore de données géographiques. Grace à sa librairie « GéoTools », celui-ci peut exploiter tout type d'informations géographiques : les fichiers de données des SIG bureautiques, les fichiers raster, les bases de données spatiales et d'autres web services. Cet outil possède des qualités, du fait de sa facilité d'utilisation et de sa compatibilité avec les différentes bases de données (PostGIS, Oracle Spatial, ArcSDE, etc), protocoles (WFS-T, WMS, etc) et fichiers cartographiques (SVG, KML/KMZ, SHP). GeoServer est un produit récent, qui grâce à de nombreuses et régulières mises à jour améliore sa stabilité et ses fonctionnalités.

GeoServer est devenu l'implémentation de référence (un outil modèle) de l'OGC pour la diffusion de données selon les normes WFS et WCS (services de données vecteur et raster, respectivement). Il reste l'un des meilleurs logiciels pour diffuser des cartes (assemblages de couches stylées) à la norme WMS. L'utilisation de GeoServer est très agréable car l'ensemble du paramétrage des services Web se fait par le biais d'interfaces graphiques ludiques et relativement intuitives.

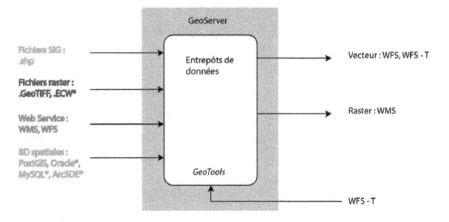

Figure 38 : liste des formats les plus couramment utilisés par le serveur cartographique GeoServer 2.1. Il existe de nombreuses extensions plus ou moins officielles permettant l'exploitation des autres formats.

Principe de fonctionnement de GeoServer.

Les données sont entreposées sur le serveur. (opt/data/data/shapefiles/)

Dans GeoServer les données sont structurées de la manière suivante :

- Espaces de travail : *sorte de répertoires ou sont stockées toutes les données ainsi que la configuration de GeoServer.*

- Entrepôts : *zone de stockage de données de même format (vecteur ou raster). Les entrepôts définissent une source de données et décrivent (texte de description et page de codes de la source de données, utile pour les fichiers dbf des shapefiles par exemple).*

- Les couches : *un moyen de présenter les informations des entrepôts, en précisant la boite d'encadrement (bounding box, ou coordonnées du rectangle d'encombrement maximum), et en affectant un style d'affichage de ces données (en attribuant l'un des styles géré par GeoServer par ailleurs).*

La mise en place de cette Infrastructure de Données Spatiales passe par l'intégration des informations géographique, il convient donc de s'interroger sur le format de stockage des données et d'éventuelles mises en place de bases de données.

2.5.2. Intégration des données

Parmi les formats pris en charge par GeoServer pour les données vecteurs sans que l'utilisateur installe des extensions, deux solutions distinctes existent :
- L'utilisation directe des données SIG bureautique (Shapefiles)
- L'utilisation de bases de données spatiales (PostGIS)

Elles doivent être stockées dans le format SHP, ou dans une base de données PostgreSQL/PostGIS. Or une démonstration des deux intégrations a été réalisée pour montrer l'interopérabilité de l'IDS.

Le Shapefile

C'est un des formats standards en matière de données SIG et de GeoServer. C'est une collection de fichiers développés initialement par ESRI avec l'outil : ArcGIS (avec les extensions : SHP, DBF, SHX, PRJ). Ces fichiers, afin d'être accessibles doivent être entreposés sur le serveur Tomcat (opt/data/data/shapefiles). Ce format Shapefile s'intègre facilement dans le serveur cartographique, car la constitution d'un SGBD dans un premier temps n'est pas nécessaire.

Le fonctionnement des fichiers ShapeFiles repose sur plusieurs éléments, alors que celui des bases de données spatiales est entièrement axé autour d'une entité : la table contenant les données attributaires dans lequel sa géométrie y figure.

PostgreSQL

Comme geOrchestra fonctionne aussi avec une BDD PostgreSQL/PostGIS, j'ai installé un un serveur PostgreSQL/PostGIS. Cette solution permet d'accélérer le chargement des données en limitant les connexions à des bases de données. De plus le choix de cette solution permet :

- d'éditer les attributs de la base de données, sans passer par un SIG bureautique,
- de prendre en charge du service WFS-T.
- d'effectuer des requêtes et sélection à partir des attributs
- d'effectuer des sélections géographiques à partir des principaux prédicats de l'Open Gis Consortium (est égal à, est différent de, intersecte, contient, est contenu dans,...)

Intégration des données SHP.

Actuellement au sein de l'agence, les données sont stockées sous des bases MySQL et Access. Il faut mentionner que l'agence et l'agglomération ne possèdent pas de Bases De Données (BDD) PostgreSQL/POSTGIS. GéoMédia exporte notamment les fichiers sous le format ShapeFiles.

Concernant l'accès aux données locales, j'ai projeté dans un premier temps, d'intégrer les fichiers SHP dans GeoServer afin de pouvoir les exploiter très rapidement. Or le nombre de couches au format SHP ne doit pas dépasser 200, afin que son affichage soit optimal. Les couches SIG sont gérées sous le SIG commercial GéoMédia et à partir des données attributaires entreposées dans des bases Access et/ou MySQL. Le serveur cartographique ne propose pas d'intégrer des bases Access ou MySQL. L'agence et l'agglomération envisageaient depuis quelques temps de passer à un SGBD spatial (Oracle Spatial ou PostGIS).

Serveur de données

- La connexion au SGBD cartographique tel PostGIS s'effectue avec le service PostGIS de GeoServer

Serveur de données – les web services de l'OGC (WMS/WFS)

- Geoserver propose d'être un serveur WMS et un client WMS. GeoServer offre un service WMS à partir de données provenant d'un service WMS externe (WMS en cascade). L'avantage est de pouvoir mettre en cache cette agrégation de couche afin d'optimiser les temps de chargement.

Ces fonctionnalités supplémentaires font des bases de données spatiales une technique de stockage privilégiée, sure et stable des informations géographiques.

2.5.3. Les services WMS et WFS

Le service WMS

Le Web Map Service (WMS) est un standard OGC de service web qui permet de produire dynamiquement des cartes à partir de données géoréférencées. Un service WMS produit des cartes sous forme d'images : dans des formats tels que JPEG, PNG et GIF, par exemple. Certains formats gèrent la transparence, permettant ainsi la superposition de différentes couches.

GeoServer peut être configuré en tant que :
- Client WMS (configuration par défaut : on cherche généralement à afficher des couches de données fournies par des serveurs externes)
- Serveur WMS (lorsqu'on veut mettre à disposition des clients nos propres données)

Les opérations du WMS sont :
- GetCapabilities : retourne les métadonnées du service (couches proposées, projections associées, auteur…).
- GetMap : retourne une carte (généralement dans un format d'image) selon les paramètres demandés,
- GetFeatureInfo : retourne les informations sur un objet représenté sur la carte

Le service WFS

Le Web Feature Service (WFS) est un standard de l'OGC de service web qui permet d'interroger des serveurs cartographiques afin de manipuler des objets géographiques (lignes, points, polygones)

La spécification WFS définit 5 opérations pour envoyer des requêtes au serveur et obtenir des informations :

- GetCapabilities : permet de connaître les capacités du serveur (quelles opérations sont supportées et quels objets sont fournis).
- DescribeFeatureType : permet de retourner la structure de chaque entité susceptible d'être fournie par le serveur.
- GetFeature : permet de livrer des objets (géométrie et/ou attributs) en GML (GeographyMarkupLanguage).
- LockFeature : permet de bloquer des objets lors d'une transaction.
- Transaction (WFS-T) : permet de modifier l'objet (création, mise à jour, effacer).

2.6. Le Catalogue : GeoNetWork

Dans un contexte d'échange de données spatiales, il est primordial d'avoir des outils qui permettent de découvrir les ressources et de déterminer si celles-ci répondent à nos besoins avant qu'elles ne soient ré-exploitées. Les services de catalogage répondent à ce besoin en rendant possible la publication et la recherche de métadonnées sur le Web. Les métadonnées sont avantageuses pour les producteurs de données, car elles assurent que leurs archives sont bien documentées au fil du temps. Enfin, les métadonnées sont importantes pour la création de centres d'échange de données spatiales où les utilisateurs potentiels peuvent rechercher, trouver et comparer des données décrites de façon très détaillée.

2.6.1. Les métadonnées

Les métadonnées se définissent comme toutes les informations que l'on peut recueillir et mettre à disposition pour décrire une donnée, un jeu de données, un service ou un document. Celles –ci permettent de répondre aux exigences des deux textes européens sur les données environnementales : la directive INSPIRE et la Convention d'Aarhus.

Les métadonnées peuvent être structurées en plusieurs niveaux, allant d'une simple liste de renseignements à un document complexe et détaillé de la donnée. Elles permettent de découvrir des ressources adaptées aux besoins.

Les fiches de métadonnées possèdent trois niveaux de fonctions qui correspondent à trois niveaux de spécialisation :

- Métadonnées de découverte
- Métadonnées d'exploration
- Métadonnées d'exploitation

Métadonnées :

Trois niveaux de contenu selon leur fonction :

Métadonnées de découverte
Identifier les ressources disponibles, estimer la réponse à un besoin particulier

Métadonnées d'exploration
Verifier que la ressource identifié précedement répond au besoin spécifique

Métadonnées d'exploitation
Informations utiles au bon usage de la donnée, informations sur la qualité et le sens des informations

Figure 39 : schéma des trois niveaux de contenu d'une fiche de métadonnées

Plus le niveau de spécialisation de la métadonnée est élevé, plus le nombre d'utilisateurs de cette métadonnée sera faible.

2.6.2. L'outil : Geonetwork Opensource

GeoNetWork est l'outil de catalogage des  données géographiques du projet geOrchestra et constitue un point central du dispositif. GeoNetwork se base sur de nombreuses normes internationales pour le stockage et l'échange de métadonnées (ISO, OGC...) et garantit l'interopérabilité. Il est compatible avec la Directive européenne INSPIRE.

L'outil propose plusieurs fonctionnalités dont la diffusion de données spatiales, la recherche d'informations, le téléversement/téléchargement des données, l'édition des fiches de métadonnées, la collecte et la synchronisation entre les catalogues (GeoBretagne, INRA,...).

GeoNetWork permet de « combiner à la volée » des cartes interactives et des images satellitaires de différentes sources grâce notamment à son outil de visualisation cartographique intégré. Ce dernier supporte les services WMS et ESRI ArcIMS. GeoNetWork est utilisé conjointement avec le serveur cartographique adapté à geOrchestra qu'est GeoServer, pour un accès et une intégration des services de données de façon interactive via son outil de visualisation.

Les figures suivantes illustrent une fiche de métadonnées selon une vue normale et une vue au format XML.

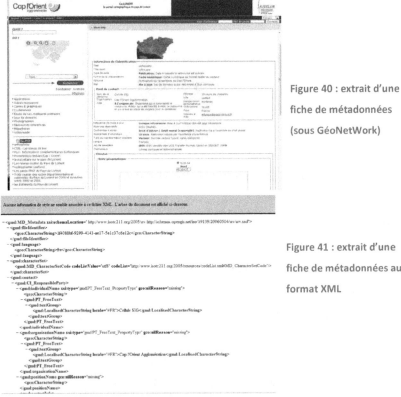

Figure 40 : extrait d'une fiche de métadonnées (sous GéoNetWork)

Figure 41 : extrait d'une fiche de métadonnées au format XML

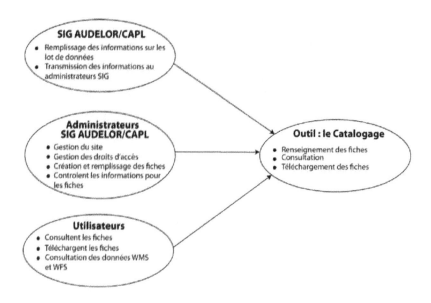

Figure 42 : système organisationnel de l'outil de catalogage

Voici le système organisationnel de l'outil de catalogage commun au sein des deux structures.

2.6.3. Le formulaire de saisie de métadonnées : Expire

Expire est un projet qui permet de faciliter la saisie des métadonnées conformes aux normes ISO 19115 (données géographiques) et ISO 19110 (catalogue d'attributs). L'application permet d'exporter des métadonnées sous forme d'archives ZIP, mais aussi de charger des métadonnées issues d'Expire, de Géosource, de GéoNetWork ou de MDweb. Ce projet a été développé à l'initiative de l'Agence de Développement et d'Urbanisme du Grand Amiénois et du Conseil Régional de Picardie en 2009.

Figure 43 : outil de saisie de métadonnées

L'installation de cet utilitaire va permettre au créateur de la donnée de remplir les différents champs qui vont constituer la fiche de métadonnées. Il est plus facile pour les chargés d'études de saisir sur ce module que sur l'outil de GeoNetWork, qui peut être un peu complexe. Expire se limite aux seuls champs obligatoires de la norme INSPIRE.

Un accès administrateur est disponible pour pouvoir paramétrer l'outil aux attentes de l'agence et de l'agglomération. Ainsi, l'administrateur peut prédéfinir des mots clés (thématique de l'agence), l'emprise des territoires (SCOT, Pays de Lorient, Zone d'emplois) et même les contacts des métadonnées.

La saisie sous Expire est donc réduite et facilitée par une interface plus conviviale. L'importation dans le Géocatalogue se fait naturellement mais peut nécessiter de compléter la fiche par la suite.

2.7. Atlas styler : l'outil de mise en forme des couches géographiques

2.7.1. Les fichiers SLD

Définit par l'OGC, le Styled Layer Descriptor (SLD) est un format de description (en XML) permettant la mise en forme de données géographiques provenant d'un flux WMS. Ces fichiers contiennent une description des styles d'affichage des couches, en fonction du type de forme géométrique, des échelles de visualisation, d'une classification sur une valeur attributaire, etc... Il permet aux utilisateurs de déterminer avec quelles couleurs ou symboles les entités ou couches de données doivent être graphiquement représentées.

Les fichiers SLD sont rédigés en XML selon une syntaxe normalisée par l'OGC, mais de nombreux utilitaires (Atlas Styler) permettent de les générer à l'aide d'une interface visuelle.
Pour simplifier un fichier SLD joue le même rôle qu'un fichier CSS pour une page HTML, le but étant de séparer complètement le style de la donnée.

Chaque couche (featuretype) enregistrée avec GeoServer doit avoir au moins un style qui lui est associée. GeoServer est livré avec des modèles de styles, mais un certain nombre de nouveaux styles peuvent y être ajoutés.

Un fichier SLD est structuré par une ou plusieurs règles. Une règle contient des sous-éléments, PointSymbolizer, LineSymbolizer ou PolygoneSymbolizer qui contiennent des types d'éléments utilisés pour définir la couleur de fond (fill) et/ou l'épaisseur ou le style du contour (stroke).

Exemple : ce fichier permet d'appliquer sur chaque entité vectorielle (FeatureTypeStyle) :

- le nom = « A style for World Population »
- une couleur de fond = rouge
- un contour = taille 2.

```xml
<?xml version="1.0" encoding="UTF-8"?>
<StyledLayerDescriptor version="1.0.0"
xsi:schemaLocation="http://www.opengis.net/sld
StyledLayerDescriptor.xsd"
xmlns="http://www.opengis.net/sld" xmlns:ogc="http://www.opengi
s.net/ogc"
xmlns:xlink="http://www.w3.org/1999/xlink" xmlns:xsi="http://ww
w.w3.org/2001/XMLSchema-instance">
<NamedLayer>
<Name>world</Name>
<UserStyle>
<Title>A style for World Population</Title>
<FeatureTypeStyle>
            <PolygonSymbolizer>
                <Fill>

    <CssParameter name="fill">#FF7171</CssParameter>
                </Fill>
                <Stroke>

    <CssParameter name="stroke">#FF7171</CssParameter>
                    <CssParameter name="stroke-
width">2.0</CssParameter>
```

```
            </Stroke>
          </PolygonSymbolizer>
      </FeatureTypeStyle>
  </UserStyle>
  </NamedLayer>
  </StyledLayerDescriptor>
```

2.7.2. Fonctionnement

Un client effectue une requête WMS vers un serveur cartographique en spécifiant un SLD. Le moteur cartographique analyse la validité de la requête et le cas échéant envoie le flux correspondant. Le client récupère ensuite ce flux et peut l'afficher sur le portail.

Concrètement, lors de la réception d'un flux WMS, un style défini lui est rattaché. La particularité est que ce fichier n'est pas physiquement lié au moteur cartographique. En effet, il est tout à fait possible d'interroger un serveur cartographique distant, de réceptionner le flux WMS et de lui appliquer un style que vous aurez vous même défini. Cette spécification du coté client est beaucoup plus puissante car il permet à un utilisateur de créer son propre style sur une ou plusieurs couches.

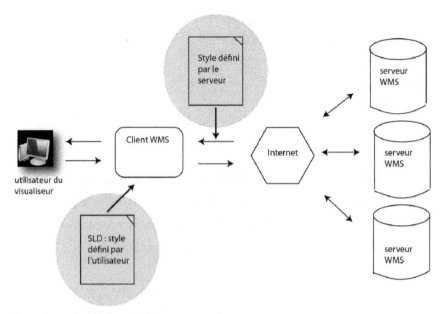

Figure 44 : style défini par l'utilisateur ou par le serveur

Habituellement les utilisateurs demandent l'affichage des couches avec les styles prédéfinis par les serveurs. La figure 43 illustre comment les utilisateurs peuvent accéder au client de cartes WMS qui se raccorde à un ou à plusieurs serveurs WMS. Dans le scénario du bas du schéma, le style des couches est défini par l'utilisateur, qui transmet le document au client WMS, lequel le transmet à son tour au serveur WMS (ou à plusieurs serveurs WMS) pour appliquer le style aux couches qui sont finalement retournées au client.

2.7.3. L'outil Atlas styler

J'ai choisi le logiciel « Atlas styler » qui est une application permettant d'affecter des styles à des géométries stockées dans un ShapeFile, une base de donnée PostGIS ou provenant d'un flux WMS. Ce logiciel est basé sur la librairie open source de GeoTools, programmé en java qui est dédié à la manipulation et à la représentation des données vectorielles et raster. Une nouvelle version de ce logiciel permettra le téléchargement automatique des fichiers SLD vers GeoServer.

De plus ce logiciel permet de faire des classifications selon des valeurs différentes, selon des quantiles ou de façon manuelle. Par ailleurs, il est possible d'utiliser une base de données de symbole en ligne et/ou créer de nouveaux symboles.

geOrchestra utilise les flux SLD pour appliquer un style à chaque couche que publie le serveur WMS.

Un fichier SLD est presque indispensable dans une Infrastructure de Données Spatiales afin de différencier les différentes couches que publie le serveur WMS.

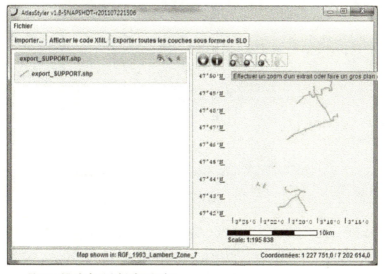

Figure 45 : le logiciel Atlas Styler

Pour l'intégration des données sur le web, les couches doivent avoir une bonne topologie. Tous les logiciels ne gèrent pas la topologie, dans ce cas, on parle de SIG « en mode objet » (ou non topologiques). Le logiciel GeoMédia n'est pas un logiciel qui respecte une une norme de topologie, ce qui implique que lors d'une exportation des couches de GeoMédia dans un format SHP, celui-ci n'est pas toujours conforme. On s'aperçoit que cela provoque des trous, ou des polygones non fermés (voir figure). Lorsque qu'un polygone n'est pas bien formé, nous ne pouvons pas lui appliquer un style, ce qui pose une contrainte. Le logiciel Atlas Styler renvoie un message d'erreur.

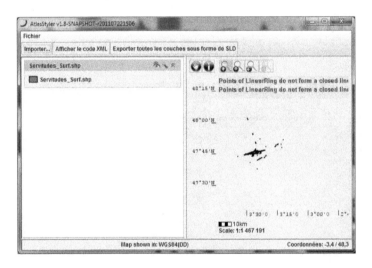

Figure 46 : affichage de l'erreur de géométrie sous Atlas Styler

Il a donc fallu contrôler les couches ShapeFile dans le logiciel QGIS par le biais de l'outil« vérifier la validité de la géométrie ». Le logiciel détecte les erreurs et propose un outil qui permet de simplifier la géométrie. Après cette opération, l'outil ne détectera plus d'erreurs de topologie dans la géométrie des polygones. Désormais cette couche peut être intégrée sur le serveur Tomcat.

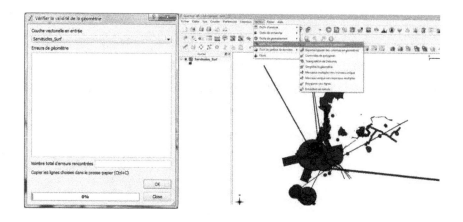

Figure 48 : vérification de
la géométrie des couches

Figure 47 : outil de validation de
la géométrie sous QGIS

Pour que l'utilisateur s'y retrouve, nous avons dû retravailler sur des données afin de les rendre compréhensibles pour tous, en supprimant des champs non indispensables pour le grand public.

Exemple 1 :

L'agence a généré en 2007 deux couches sur le trafic routier, une pour les routes départementales et une pour les routes nationales (statistique sur la moyenne journalière annuelle). J'ai effectué la fonction « union » afin de n'avoir plus qu'une seule couche et avoir une pertinence sur les données. Puis j'ai exporté cette donnée au format ShapeFile. Sur les deux couches, les attributs sont constitués de la même façon.

Exemple 2 :

L'affichage des couches sur le monde web n'est pas le même que sur un

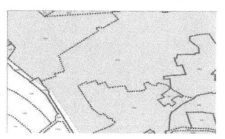

client lourd tel que ArcGIS et GeoMédia. Avec la Responsable SIG-Cartographie-Bureau de dessin (Cap l'Orient

Figure 49 : affichage sous GéoMédia

93

Agglomération), nous nous sommes mis d'accord sur la représentation de symbologie. Ces symbologies devaient s'apparenter à celle que les techniciens utilisaient sur GeoMédia. Voici un exemple de représentation entre GeoMédia et le portail cartographique.

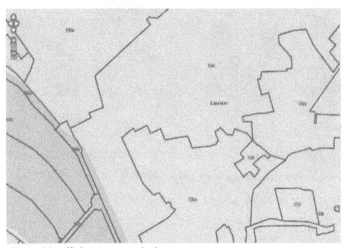

Figure 50 : affichage sous geOrchestra

Sur le logiciel GeoMédia, on peut apercevoir que les polygones possèdent un trait discontinu, alors que sur le portail cartographique, l'utilisateur ne verra qu'un trait continu.

Pour que les techniciens de l'Agence et de l'agglomération puissent s'y retrouver, j'ai constitué une documentation qui reprend la symbologie de chacune des couches ainsi que le champ sur lequel la couche est triée. De plus, le technicien peut consulter la légende qui est disponible dans l'IDS.

III. Autres travaux liés à geOrchestra

3.1. Migration des données MySQL en POSTGRESQL/POSTGIS

Le monde libre a pris de l'ampleur et cela se confirme avec les Bases de Données. L'agence utilise des BDD MySQL pour le stockage des données attributaires. L'extension spatiale de MySQL n'est pas utilisée, car non reconnue par GeoMédia. L'agglomération étudie la possibilité d'entreposer ces bases sous PostgreSQL. A terme, l'objectif est d'avoir le même lieu de stockage unique et partagé. Aujourd'hui, les services de QGIS et d'autres clients lourds (GeoMédia) se servent des connexions PostgreSQL/PostGIS. Ce logiciel bénéficie d'une importante communauté de développeurs et d'utilisateurs. Les ressources sont nombreuses: Tutoriaux, forum, documentations sont accessibles à tous.

Le déploiement d'outil Open Source peut être une solution peu coûteuse pour une entreprise telle qu'une collectivité territoriale. Le fonctionnement de PostgreSQL est de type client/serveur. Le serveur organise et stocke les bases de données. Il interprète également les actions de l'administrateur. Il gère l'ensemble des connexions aux applications clientes (GeoMédia, PgAdmin). Les applications sont dites clientes du serveur lorsqu'elles entrent en interaction avec celui-ci afin de consulter ou de modifier les bases de données. PostGIS est une extension de PostgreSQL qui permet de spatialiser les données en leur attribuant une géométrie, une dimension et un système de référence spatial. Lors de l'installation de PostGIS, deux tables sont initialement créées :

- ***spatial_ref_sys***, *conforme aux spécifications de l'OGC, elle contient environ 3000 systèmes de références spatiales et les détails nécessaires à la transformation/reprojection entre eux.*
- ***geometry_columns***, *liste les tables dont les fonctionnalités spatiales ont été activées.*
-

Les structures de ces deux tables sont :

- GEOMETRY_COLUMNS

column	type	modifier	description
f_table_catalog	Charactervarying (256)	Not null	Le nom du catalogue auquel correspond la table
f_table_schema	Charactervarying (256)	Not null	Le nom du schéma auquel correspond la table
f_table_name	Charactervarying (256)	Not null	Le nom de la table
f_geometry_column	Charactervarying (256)	Not null	
coord_dimension	Integer	Not null	La dimensionnalité des données
srid	Integer	Not null	Le système de référencement spatial
type	Charactervarying (256)	Not null	Le type de géométrie

- SPATIAL_REF_SYS

column	type	modifier	description
srid	integer	Not null	SRID est l'identifiant, référencé par GEOMETRY_COLUMNS and le SRID intégré à chaque géométrie
auth_name	Charactervarying (256)		L'organisation qui définit et utilise le système de référencement (ex : EPSG)
auth_srid	Integer		Le numéro affecté par l'organisation
Srtext	Charactervarying (256)		Chaine de caractères de définition du système (format OGC « Well-KnownText » et Proj4)
Proj4text	Charactervarying (256)		Chaine de caractères de définition du système (format OGC « Well-KnownText » et Proj4)

PostGIS possède également une bibliothèque de fonctions spatiales permettant d'exécuter des opérations de type SIG. Le SGBDR spatial doit permettre de :

- Fonctionner avec un outil de type Webmapping ou un IDS comme geOrchestra
- Gérer une base de données complexe
- Créer de nouvelles géométries à partir d'une table déjà existante

- Faire des mises à jour des tables sous différents environnements (IDS, logiciels SIG)
- Effectuer des requêtes avec les fonctions SIG qui sont disponibles
- Avoir une connexion avec le client lourd (GéoMédia Professionnel)

L'installation de PostgreSQL s'est effectuée sur le serveur CentOS et sur une machine locale sous un environnement Windows XP. L'installation se fait grâce à un package qu'il suffit de télécharger et d'exécuter. Il faut définir un nom d'utilisateur et un mot de passe pour sécuriser l'accès aux données qui vont être entreposées aux futures bases de données.

Pgadmin est l'un des « clients graphiques » disponibles permettant d'accéder à une instance « serveur » PostgreSQL. Cela évite à l'utilisateur d'écrire les actions au format psql sous l'invite de commande.

3.2. Etude de la migration des données.

Toute étude doit commencer par l'inventaire des solutions existantes afin de ne pas se lancer dans un développement coûteux. Toute migration d'une base à une autre base est assez périlleuse. Il faut savoir mesurer les conséquences et les inconvénients qu'ils subsistent lors d'une migration. Audélor possède 300 tables MySQL.

La première possibilité est présente sur le site de PostgreSQL, une large gamme de moyens est proposée pour migrer vers ce système : des outils de migrations pour transformer les bases au format Dbase, MS-Access, MySQL et Oracle. Cet outil se nomme « MySQL to PostgreSQL Migration Wizard » de l'éditeur EntrepriseDB.

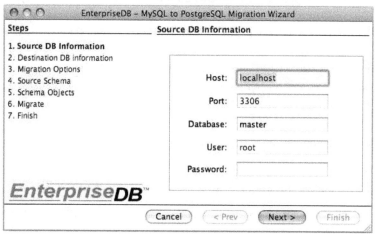

Figure 51 : outil de migration d'une BDD MySQL vers une BDD PostgreSQL

Lors de l'import de la base de données, le logiciel de migration détecte des erreurs sur celle-ci. La complexité des tables peut être en cause. Donc j'ai abandonné ce choix.

La deuxième solution est de trouver des scripts en langage Perl, ou Ruby qui permettent de faire cette migration. Ces scripts sont déposés par des utilisateurs et sont Open Source. Or les scripts que j'ai utilisés n'effectuaient pas la migration d'une BDD MySQL vers une BDD PostgreSQL. Je rappelle que l'étude s'est effectuée en fin de stage et qu'elle n'a pas pu aboutir, faute de temps.

3.3. Intégration des données géographiques dans une BDDPostGIS

Les tables qui sont rapatriés dans PostGIS doivent contenir une géométrie qui sera stockée dans le champ « the_geom ». Les données géographiques à intégrer sous PostGIS sont au format Shape.

Deux outils permettre d'intégrer les données au format Shape :

- L'utilitaire ogr2ogr de GDAL avec l'invite de commande.
- Le plugin de conversion ShapeFile to PostGIS (interface graphique).

La technique utilisée par ces deux solutions est la même, puisqu'il s'agit de convertir un fichier ShapeFile et de créer une table dans PostgreSQL/PostGIS. La solution d'utiliser le plugin de conversion a été choisie, du fait qu'on fait appel à une interface graphique pour intégrer un Shape dans PostGIS et ainsi éviter « l'invite de commande ».

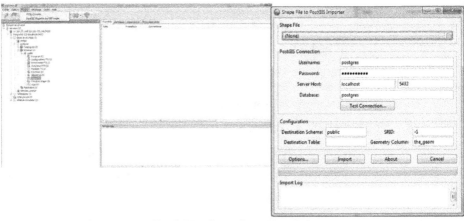

Figure 52 : Outil d'importation d'un fichier ShapeFile vers PostGIS

La deuxième solution est présentée dans l'annexe (commande OGR)

Lorsque nous avons intégré les données sous la BDD PostgreSQL/PostGIS, nous avons effectué des tests afin de contrôler l'importation de la donnée. Les connexions vers la base PostgreSQL sous QGIS s'effectuent correctement et les couches s'affichent dans le menu cartographique de QGIS. Voici l'exemple du chargement de la couche bâtiment dans Quantum GIS.

Figure 53 : Connexion vers une BDD PostGIS sous le logiciel QGIS

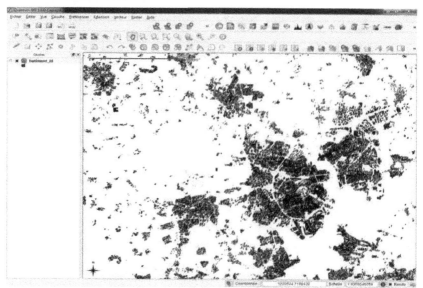

Figure 54 : affichage de la couche parcelle sous QGIS

3.4. Documentation des différents modules

En avril 2011, lors de mon début de stage à AudéLor, sur la mise en place de l'IDS geOrchestra, aucun document n'existait complètement. Ce qui a handicapé l'installation de l'outil et la prise en main des différents modules (GeoServer, GeoNetWork, Atlas Styler).

Dans le but de faciliter l'installation de geOrchestra par des utilisateurs découvrant l'outil, j'ai rédigé une documentation des différents modules qui sera reversée à la communauté. Je me suis appuyé sur les documentations officielles des modules pour cette rédaction.

Ces documents sont disponibles en annexe. En même temps, les développeurs de l'IDS se sont penchés sur la documentation succincte des outils, très simplifiée sans détailler correctement l'installation et les fonctionnalités de ces derniers.

3.5. Aperçu de l'impression de cartes PDF

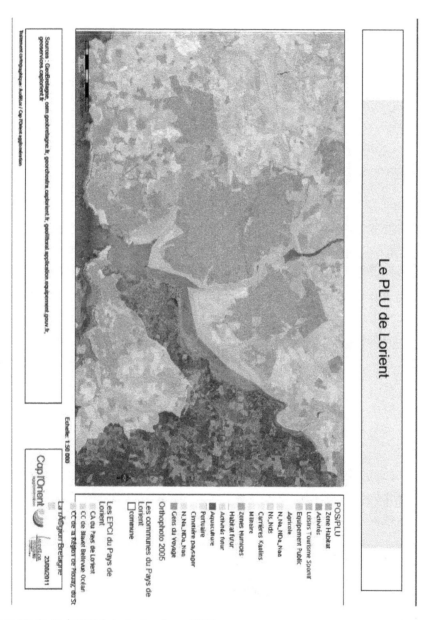

Figure 55 : Carte du PLU de Lorient au format PDF

CONCLUSION

Les collectivités publiques de tous ordres ont besoin d'informations géographiques exactes et à jour pour prendre des décisions judicieuses dans de nombreux domaines. La diffusion des données à caractères publiques est importante car ces données sont partagées avec des organisations (publiques ou privées). La population s'intéresse de plus en plus aux études menées au sein de leur communauté afin de comprendre leur comportement sur leur propre territoire. L'IDS est considérée comme un outil d'aide à la décision.

L'outil geOrchestra est un outil assez compliqué, d'une part dans son utilisation et d'autre part dans son installation. Lors de l'installation en avril 2011, le site geOrchestra ne référençait aucune documentation sur les différents modules qui sont déployés. J'ai du constituer ces documentations et celles-ci seront reversées à la communauté libre. L'application déployée correspond bien aux attentes initiales. En particulier la diffusion d'information aux différents acteurs, la possibilité d'interrogation offertes par les nombreux outils disponibles (requête, style), l'export des résultats dans le format CSV, l'impression de cartes en PDF, et l'affichage de données externes au format WMS.

L'outil geOrchestra a été livré à la communauté du monde libre par GéoBretagne fin 2010, or l'outil n'avait pas été finalisé. La principale difficulté du monde libre est que les intervenants sont multiples, l'outil est sans arrêt modifié avec de nouvelles fonctionnalités. Le choix du développement libre n'est ni simple, ni gratuit, mais il est réalisable et dépend souvent de choix stratégiques (pérennité et aboutissement d'un outil, intégration dans une infrastructure existante par exemple)

Bien que les coûts d'acquisition d'une telle solution soient quasi-nuls à l'origine (packages librement et gratuitement téléchargeable), le coût de déploiement et de maintenance est non négligeable. Il faut quantifier et évaluer pour le service informatique concerné :

- Le temps d'appropriation, d'installation
- Le coût des infrastructures nécessaires (machines, réseaux,...)
- Les coûts de maintenance, personnalisation, développements spécifiques (internes ou externes)
- La formation des administrateurs (infrastructures, données)
- La pérennité de la solution

Les offres propriétaires ne semblent pas disposer d'avantages compétitifs particuliers par rapport aux offres Open Source, plus largement installées dans les autres-formes régionales. D'autres Infrastructures de Données Spatiales Open Source ont vu le jour comme EasySDI. Il est bâti avec des composants similaires à geOrchestra (GeoServer, GeoNetWork,...). C'est une solution simple et prête à l'emploi, interopérable et basée sur les standards ISO/OGC. Son objectif est de répondre aux besoins des organisations qui font appel à cette IDS en diffusant de l'information géographique et en répondant aux exigences de la directive INSPIRE. En France la région des Pyrénées a mis en place cette solution (www.sig-pyrenees.net). Trois offres de plates-formes Open Source ont été recensées et installées dans les régions dans le cadre de projets de dynamiques régionales.

- PRODIGE : Région Rhône Alpes et Pays de la Loire
- Easy SDI : L'Observatoire des Pyrénées
- geOrchestra : Région Bretagne, Région Aquitaine, Brest Métropole Océane

DIFFICULTÉS

Avant mon stage, j'ai créé une « machine virtuelle » sur Debian (Serveur Linux) et j'ai effectué quelques manipulations pour me familiariser avec cet environnement. Cela a été un peu compliqué au départ, du fait de ma méconnaissance de l'environnement Linux.

Lors du stage, j'ai rencontré quelques difficultés. Plus particulièrement dans la première prise en main de l'outil qui est ardue, faute d'une documentation exhaustive lors du déploiement de l'outil. De plus, les interactions entre les modules étaient mal identifiées et les conséquences peu ou pas décrites. De plus, une difficulté de compréhension des fichiers de paramétrage ne m'a pas facilité ma tâche. C'est dans ce cadre que nous avons rédigé un point d'étape d'avancement au bout de 80 jours de stage (voir annexe). Ce point d'avancement a eu pour conséquence de faire réagir les développeurs de geOrchestra, ces derniers ont entrepris la documentation de geOrchestra ainsi que de certains modules.

L'outil geOrchestra est un outil assez compliqué, d'une part dans son utilisation et d'autre part dans son installation. Lors de l'installation en avril 2011, le site geOrchestra ne référençait aucune documentation sur les différents modules qui sont déployés. Une constitution d'une documentation est primordiale afin que d'autres utilisateurs puissent installer leur propre geOrchestra. De plus, pour que les administrateurs SIG au sein des 2 structures continuent d'alimenter le portail de nouvelles données et de mises à jour de régulière, il est primordial de réaliser les documentations de chacun des modules mis en place. Ces documentations sont disponibles en ligne et dans l'annexe.

J'ai eu des difficultés à faire interagir les outils entre eux, en effet j'ai eu des problèmes de stabilité. Lorsqu'un outil ne fonctionnait pas, il entrainait des dysfonctionnements sur l'autre. J'ai parfois refait l'installation avec l'intégration des données. GeoNetWork, à chaque connexion et modification des fiches de métadonnées, enregistre ces dernières dans les fichiers logs. Comme je travaillais très souvent sur les fiches de métadonnées, je les mettais régulièrement à jour. Le disque virtuel où le projet est entreposé possède une capacité de 2*4Go, or avec le nombre de connexion que j'effectue, j'arrive très vite à cette limite. Lorsque j'ai atteint cette limite, un message d'erreur apparait indiquant que le serveur n'a plus de mémoire. Cela entraine le blocage de l'outil, en effet à partir de là, l'utilisateur ne peut plus consulter ni effacer ni ajouter une fiche de métadonnée. Ce qui devient assez embêtant pour un outil de catalogage.

Dans le même temps, cette erreur en a entrainé une autre sur GeoServer (impossible de consulter les données qui ont été intégrées). Or la non consultation des données sur GeoServer entraine une non diffusion des couches sur MapfishApp. Ce qui est assez contraignant. Il faut donc être assez vigilant. En fait les applications J2EE (dont Mapfish) semblent générer beaucoup de messages de logs : cela contribue à un effet de saturation au niveau du disque. Pour y remédier, j'ai effacé les fichiers de log (authentification) afin de ne pas remplir la capacité du serveur virtuel. Il y a fallu ensuite planifier un arrêt et une relance du serveur Tomcat tous les matins afin de vider les « logs » pour éviter la limite de mémoire.

La migration des bases de données a été très problématique, du fait de la complexité des tables et des utilitaires qui sont disponibles dans le monde libre.

PERSPECTIVES

L'installation de geOrchestra est, on l'a dit, complexe et n'est pas à la portée de tout public. L'agence et l'agglomération se proposent de livrer un template OVF d'une machine virtuelle à la communauté. L'IDS serait alors livrée sous la forme d'une appliance « prête à l'emploi » ou « clé en main ».

Des fonctionnalités pourraient voir le jour, avec l'aide de la communauté grandissante de geOrchestra.

Le dynamisme des listes de diffusion récemment créées (Google groups) et la rapidité des réponses aux questions incitent à faire confiance à l'outil.

Des outils complémentaires pourraient être mis en place :

- Ajout d'une représentation graphique des données (ex : évolution de la population)
- Ajout d'un outil de création de zone tampon (« buffer ») pour évaluer un périmètre
- Amélioration de l'outil de requête
- Amélioration de l'interface graphique de l'outil Mapfish, un peu compliqué pour un utilisateur lambda
- Amélioration de la documentation des différents modules de geOrchestra

Une documentation qui recense les avantages et les inconvénients de geOrchestra est disponible.

AudéLor et Cap l'Orient Agglomération travaillent avec les mairies, la chambre de commerce et autres structures. Certaines données ne sont pas destinées à un affichage grand public. geOrchestra permet de contrôler les authentifications des utilisateurs potentiels. Des tests ont été réalisés pour comprendre le fonctionnement de ces authentifications. Ces tests devront permettre ou non d'installer un annuaire LDAP (authentification de plusieurs modules) afin de ne pas dupliquer les noms de domaines du site comme l'exemple qui suit dessous.

Exemple : Pour le grand public : http://domaine.caplorient.fr/...

Pour les CCI : http://domaine1.caplorient.fr/...

Pour AudéLor : http://domaine2.caplorient.fr/...

Autre expérience : Au sein du service informatique

Les données sont entreposées dans un serveur au Parc de Soye à Ploemeur. J'ai effectué une visite des installations de Cap l'Orient Agglomération ainsi qu'à une maintenance du réseau de la fibre optique. Cette intervention consistait à remplacer le boitier (BPE02-03-1) car celui-ci ne permettait plus de recevoir une intervention pour une éventuelle modification de route optique. Donc cela limitait toute évolution du réseau dans ce secteur. L'explication est un peu complexe mais j'ai mis le principe de l'intervention dans l'annexe 7.

BILAN DU STAGE

Ce stage m'a permis de mieux comprendre le fonctionnement d'une agence d'urbanisme et de découvrir le métier de technicien territorial avec toutes les règles d'urbanisme que cela comporte. J'ai été confronté à des équipes pluridisciplinaire, tant à AudéLor (chargés d'étude en aménagement, développement économique,...) et à Cap l'Orient Agglomération (informaticiens, réseaux, serveurs, développeurs,...)

Ce stage à été enrichissant, aussi bien au niveau humain que professionnel et sera un atout pour mon entrée dans la vie active. Il m'a apporté de nouvelles connaissances tant techniques qu'organisationnelles et m'a permis d'approfondir les compétences acquises tout au long de ma formation. J'ai pu voir le projet évoluer tout au long de ces différentes étapes de construction, depuis son point de départ jusqu'à son aboutissement, ou presque.

Il m'a permis de me rendre compte que les Infrastructures de Données Spatiales se développent et prennent de plus en plus de place dans le monde du système d'informations géographiques.

Il a été l'occasion de mener à bien la faisabilité la mise en place d'un outil Open Source au sein d'une collectivité et de proposer un template « prêt à l'emploi » à la communauté.

Le projet dans sa phase technique (mise en place de la plateforme IDS) est quasiment abouti. Une phase de consolidation pour les équipes informatiques, puis une phase de validation restent à engager pour ouvrir la plateforme au grand public. Cela passera par une validation des élus et des décideurs de Cap l'Orient Agglomération. Une opération de communication sera alors entreprise.

WEBOGRAPHIE

nom	Description	URL du site
Atlas styler	Installation, fonctionnement	http://fr.geopublishing.org/AtlasStyler
BRGM	Directive INSPIRE	http://inspire.brgm.fr
CamptoCamp	Renseignement sur les modules (print)	http://www.camptocamp.com/
EasySDI	Renseignement sur le concurrent	www.easysdi.org
geOrchestra	installation de l'outil, préconisations	www.georchestra.org , www.blog.georchestra.org
GeoBretagne	Code source pour la programmation	http://geobretagne.fr/accueil/
Geonetwork	Installation de l'outil, fonctionnement, description des attributs	www.geonetwork.org
Georezo	Questions	www.georezo.net
Geoserver	Installation de l'outil, fonctionnement, description des attributs	www.geoserver.org
Google Groups	Questions sur le groupe	https://groups.google.com/group/georchestra/, https://groups.google.com/group/georchestra-dev?hl=fr
INRA Montpellier	Code source pour la programmation, structuration des outils	http://geowww.agrocampus-ouest.fr/
MySQL	Renseignement sur le syntaxe.	http://www.mysql.fr/
PostgreSQL	Installation de Pgadmin, intégration des données MySQL	http://www.postgresql.org/
PostGIS	Installation de l'outil,	http://www.postgis.fr/
Redmine	Gestionnaire de Projet	http://csm-bretagne.fr/redmine/

GLOSSAIRE

Catalog Service Web (CSW) : est un standard de l'OGC qui permet d'interagir avec un plusieurs catalogues de ressources spatialisées. Le catalogue regroupe l'ensemble des descriptions et des ressources du gestionnaire du catalogue.

EPCI : (Établissement public de coopération intercommunale) structure administrative française regroupant des communes ayant de choisi de développer un certain nombre de compétences en commun comme par exemple les transports en commun, l'aménagement du territoire ou la gestion de l'environnement.

Esotérique : compréhensible seulement pour les initiés.

Extensible Markup Language (XML) : est un langage de balisage extensible. Cela signifie que c'est un langage de balise comme HTML mais que l'utilisateur peut créer ses propres balises. Le XML n'est pas un remplaçant de l'HTML.

ExtJS : est une bibliothèque JavaScript permettant de construire des applications Web interactives. C'est un élément non-spécifique au Web Mapping.

Framework logiciel : se définit comme une structure conceptuelle utilisée pour résoudre et traiter des problèmes complexes.

GDAL : est une bibilothèque libre permettant de lire et de traiter un grand nombre de format d'images géographiques (GeoTiff et ECW).

GeoExt : est une bibliothèque JavaScript fournissant les bases pour la création d'application de Web-Mapping et s'appuyant sur ExtJS et OpenLayers. GeoExt nécessite ExtJS et OpenLayers mais est distribué indépendamment des 2 autres bibliothèques.

Geography Markup Language (GML) : est un standard de l'OGC qui permet de garantir l'interopérabilité des données dans le domaine de l'information géographique et de la géomatique. C'est un langage dérivé du XML pour encoder, manipuler et échanger des données géographique.

Geopublisher : est un outil de productivité pour l'administrateur de données : il coordonne la description des données dans le catalogue avec leur publication sur les services de données. Le Geopublisher permet une publication rapide des lots de données simples.

Interopérabilité : est la capacité que possède un système de fonctionner avec d'autres produits ou systèmes déjà existants et sans restriction d'accès.

JavaScript : est un langage de programmation de scripts principalement dans les pages web interactives mais aussi coté serveur. C'est le cas dans geOrchestra.

JTS alias JTS Topology Suite : est une bibliothèque Java de fonctions et prédicats 2D.

Keyhole Markup Language (KML) : est un fichier XML permettant de définir des données géographiques qui peuvent être exploitées par Google Earth, Google Maps.

OpenLayers : est une bibliothèque JavaScript permettant d'intégrer des cartes dynamiques à une application Web.

Open Geospatial Consortium (OGC) : est un consortium international pour développer et promouvoir des standards ouverts afin de garantir l'interopérabilité des services et des échanges dans les domaines de la géomatique et de l'information géographique.

Prédicat : fonction renvoyant une valeur binaire, True ou False

Servitude : La servitude est un droit réel immobilier. Elle ne pèse pas sur les propriétaires mais sur l'immeuble auquel elle s'applique et ce, en quelque mains qu'il passe

Shapely : est une bibliothèque Python permettant de manipuler et traiter des géométries spatiales 2D.

SqlAlchemy : est une bibliothèque Python fournissant une boîte à outil de manipulation SQL et de mapping d'objet-relationnel. C'est un élément non-spécifique au Web Mapping et qui permet de manipuler une base de données relationnelle avec un modèle objet.

Styled Layer Descriptor (SLD) : est un format de description (en XML) permettant la mise en forme de données géographique provenant d'un flux WMS

114

TileCache : est une bibliothèque Python fournissant un serveur WMS-C/TMS, TileMapping Service, qui peut être connecté à différents systèmes de cache et moteurs de rendu. Le cas le plus simple d'utilisation de TileCache nécessite seulement un accès en écriture à un disque, la possibilité d'exécuter des scripts CGI Python, et un service WMS que vous souhaitez mettre en cache.

Web Application ARchive (WAR) : est un fichier JAR utilisé pour contenir un ensemble de JavaServer Pages, servlets, classes Java, fichiers XML et des pages Web statiques (HTML, Javascript, ...). Le tout constitue une application web.

Web Coverage Service (WCS) : est un standard de l'OGC de service web fournissant une interface permettant d'effectuer des recherches internet sur des données cartographiées et plus particulièrement sur des couvertures.

Web Feature Service (WFS) : est un standard de l'OGC de service web qui permet d'interroger des serveurs cartographique afin de manipuler des objets géographiques (lignes, points, polygones).

Web Feature Service Transaction (WFS – T) : est un standard de l'OGC de service web qui permet de modifier les objets (création, mise à jour, effacer)

Web MapContext (WMC) : est un format XML permettant de décrire des projets cartographiques dont les données sont accessibles au travers de service Web. La liste des couches se compose au maximum d'une couche WMS qui décrit le fond de carte et de couches WFS.

Web Map Service (WMS) : est un standard OGC de service web qui permet de produire dynamiquement des cartes à partir de données géoréférencées.

Web Processing Service (WPS) : est un standard de l'OGC de service web qui permet d'avoir accès à des calculs et à des modèles qui traitent des données à référence spatiales.

www.ingramcontent.com/pod-product-compliance
Lightning Source LLC
LaVergne TN
LVHW042338060326
832902LV00006B/246